BULLETIN

DE

L'ACADÉMIE DELPHINALE

BULLETIN

DE

L'ACADÉMIE DELPHINALE

5e Série - Tome 19e

1928

GRENOBLE
IMPRIMERIE SAINT-BRUNO, F. EYMOND, dir.
11, rue Casimir-Brenier, 11
—
1929

MEMBRES DE L'ACADÉMIE DELPHINALE

au 1er juillet 1929

I

Membres titulaires

MM.

BARBILLION, 1, rue Villars, Grenoble 1918
BASTET (Tancrède), 2, rue Dolomieu, Grenoble .. 1918
BELMONT (Régis), 19, rue Voltaire, Grenoble 1929
BLANCHARD (Raoul), professeur à la Faculté des Lettres, 1, Grande-Rue, La Tronche 1910
BOUCHAYER (Auguste), villa Les Condamines, La Tronche 1918
BRETON (Louis), conservateur des Eaux et Forêts, 7, rue de la Liberté, Grenoble 1926
CAILLOT (Monseigneur), évêque de Grenoble 1918
CHABRAND (Armand), avocat à la Cour d'Appel, 5, rue de la Liberté, Grenoble 1892
CHEVALIER (Jacques), professeur à l'Université, villa Primerose, La Tronche 1920
CLÉMENT-CUZIN, anc. notaire, l'Hermitage, Meylan (Isère) 1921
CUCHE (Paul), professeur à la Faculté de Droit, 3, rue Lesdiguières, Grenoble 1904
DAVID (colonel), 3, rue Mably, Grenoble 1926
DORY (lieutenant-colonel), 27, boulevard Gambetta, Grenoble 1924
DOUARE (Romain), avoué d'instance, 14, boulevard Edouard-Rey, Grenoble 1919
DUFOUR (Frédéric), professeur au Lycée, 2, rue Lakanal, Grenoble 1920
DUMAREST (docteur), Renage (Isère) 1899
DUSSERT (abbé A.), docteur ès lettres, Externat Notre-Dame, 8, rue Pierre-Duclot, Grenoble. 1904
GARIEL (Maurice), ingénieur, 4, rue Lesdiguières, Grenoble 1919
GENTIL, chef d'escadron d'artillerie en retraite, 3, place Vaucanson, Grenoble 1901
GRIMAUD (Louis), docteur en droit, 13, boulevard Gambetta, Grenoble 1917

De Guillebon (lieutenant-colonel), l'Egala, par Meylan (Isère) 1928
Guy (H.), recteur de l'Académie, 9, rue Cornélie-Gémond, Grenoble 1924
Juster (Emile), chef de bataillon d'infanterie en retraite, Les Buclos, Meylan (Isère) 1901
Latouche, archiviste honoraire, maître de conférences à la Faculté de Grenoble, 16, avenue Félix-Viallet, Grenoble 1928
Lemaitre (colonel), 11 *bis*, place Victor-Hugo, Grenoble 1922
Letonnelier, archiviste départemental, 6, rue Haxo, Grenoble 1920
De Marcieu (marquis), château du Touvet (Isère) 1927
Masimbert (Adolphe), avocat, 1, rue Molière, Grenoble 1887
Le Masson (commandant Bernard), 1, rue Voltaire, Grenoble 1917
Monglond, professeur à l'Université, Seyssins (Isère) 1925
Morillot, doyen de la Faculté des Lettres, 4, place de Verdun, Grenoble 1889
Mourral, inspecteur des Forêts, 7, rue Villars, Grenoble 1923
Peillard (général), villa Hélène, 22, Grande-Rue, La Tronche (Isère) 1925
Porte (Marcel), professeur à la Faculté de Droit, 8, avenue Alsace-Lorraine, Grenoble 1913
De Quinsonas (comte Paul), château de Saint-Egrève (Isère) 1911
Regnault, professeur d'histoire du droit, Université de Grenoble, 5, quai de la République, Grenoble 1925
Richard-Bérenger, Mens (Isère) 1923
Royer (Louis), conservateur de la Bibliothèque municipale de Grenoble, 4, place Vaucanson, Grenoble 1919
Saint Olive (Pierre), 18, boulevard Edouard-Rey, Grenoble 1912
Sénequier-Crozet (abbé), 9, rue Villars, Grenoble 1906
Silvy (Edouard), greffier en chef du Tribunal de Commerce, 6, rue Voltaire, Grenoble 1899
Silvy-Leligois (Albert), 6, rue Lesdiguières, Grenoble 1904

Teyssier de Savy (Gabriel), château de la Haute-Jarrie, à Jarrie (Isère), 91, rue de la Faisanderie, Paris (16e) 1910
Tresson (abbé), orientaliste, chalet Saint-Michel, route de Corenc, La Tronche 1921
Vatin-Pérignon, château de Champagnier, par Pont-de-Claix (Isère) 1929
De Vaulserre (marquis), Le Fontanil, à Saint-Alban-de-Leysse, par Chambéry (Savoie) 1917
Vellein, avocat, 18, rue de la République (Bourgoin) et Domarin (Isère) 1896
Viallet Paul, 28, cours Jean-Jaurès, Grenoble .. 1898
De Villenoisy, La Buisserate (Isère) 1920

II

Membres associés

Abrard (Louis), conservateur honoraire des Hypothèques, 2, place Vaucanson, Grenoble 1925
D'Albon (marquis), château d'Avauges, par Pontcharra-sur-Turdine (Rhône) 1914
Allard de Chateauneuf, conseiller d'ambassade, château de Saint-Romans, à Saint-Romans (Isère) 1926
Allier (Joseph), imprimeur, 16, boulevard Gambetta, Grenoble 1890
Allier (Louis), 1, rue Philis-de-la-Charce, Grenoble 1901
Allix (André), professeur à la Faculté des Lettres, Lyon, impasse de Margnolles, Caluire (Rhône) 1923
Armanet (Jean), professeur honoraire d'Ecole Normale, Ruffieux-Bourgoin (Isère) 1928
Arnaud (Louis), agent général de la Compagnie d'Assurances générales, 8, quai Perrière, Grenoble 1910
Audebrand (lieutenant-colonel), 279, cours Jean-Jaurès, Grenoble 1911
Baffert (abbé), St-Christophe-entre-deux-Guiers (Isère) 1898
Ballaguy (Paul), 137, rue de Grenelle, Paris (7e). 1927
Balleydier (docteur H.), 196, cours Jean-Jaurès, Grenoble 1927

BALME (Juan), professeur, Apartado 1651, Mexico (Mexique) 1927
BARDIN (abbé), curé de Seyssins (Isère) 1917
BARON (Jules), 14, rue Jean-Jacques-Rousseau, Grenoble 1924
BERGERET (A.), 20, boulevard Diderot, Paris (12e). 1918
BERRET (Paul), professeur agrégé de l'Université, 11 *bis*, rue Chaligny, Paris (12e) 1906
BERTHON, (chanoine), curé de Saint-Louis, 1, rue de Sault, Grenoble 1919
BIARD (abbé), curé de La Tronche (Isère) 1924
BLACHE, professeur au Lycée, 2, rue Marcel-Benoît, Grenoble 1923
BLANC (Paul), directeur commercial des Mines de La Mure, 2, rue Président-Carnot, Grenoble. 1918
BLANCHARD (Marcel), professeur à l'Université, 3, rue Bizeray, Montpellier (Hérault) 1917
BLANCHET (Augustin), château d'Alivet, Rives (Isère) 1890
BLANCHET (Victor), Rives (Isère) 1889
DE BOCCARD (René), Banque du Dauphiné, 15, boulevard Gambetta, Grenoble 1920
BOËL (docteur), Allevard-les-Bains (Isère) 1905
BON (Emmanuel), Le Brigon, Gières (Isère) 1908
BORDEAUX (général), 134, Grande-Rue de la Guillotière, Lyon (Rhône) 1927
BOREL, ancien capitaine du génie, Saint-Robert (Isère) 1894
BOREL (abbé), chanoine honoraire, supérieur de l'Externat Notre-Dame, 8, rue Pierre-Duclot, Grenoble 1919
BOREL DU BEZ (Lucien), sous-chef de Bureau Contentieux P.-L.-M., 195, rue de Vaugirard, Paris (15e) 1910
BOUCHAYER (Jean), La Croix-de-Montfleury, La Tronche (Isère) 1925
BOURBOULON (colonel), Saint-Murys, Meylan (Isère) et 22, avenue Félix-Viallet, Grenoble 1927
BOURRON (Jules), licencié en droit, maire de Saint-Pierre-de-Méarotz, par La Salle-en-Beaumont (Isère) 1911
BOUVIER (René), 11, rue Constant-Coquelin, Paris (7e) 1919
BRÉCHET (abbé Michel), château de Montvinay, Vinay (Isère) 1907

Bréchignac, Virieu (Isère) 1925
De Bretteville (comte), château de la Gardette, Loriol (Drôme) 1922
Bru, directeur honoraire des Contributions directes, 40, rue Lesdiguières, Grenoble 1907
Chauvet, avocat, à Gap (Hautes-Alpes) 1926
Clément (Antoine), greffier en chef du Tribunal Civil, Grenoble, à Seyssins (Isère) 1908
Clément (colonel), 11 *bis*, place Victor-Hugo, Grenoble 1929
Cocat (Paul), avocat, 5, rue Félix-Poulat, Grenoble 1927
Cortès (Louis), professeur de cours complémentaire, Bourg-d'Oisans (Isère) 1927
Cousin, notaire, 1, rue Philis-de-la-Charce, Grenoble 1927
Dard (chanoine), doyen du Chapitre de la Cathédrale, 9, rue Casimir-Brenier, Grenoble 1907
Dastrevigne (docteur), 1, rue Président-Carnot, Grenoble 1926
David (abbé), professeur d'Université, 10, U. L. Sw. Marka, Cracovie (Pologne) 1920
Davin, statuaire, 1, rue Villars, Grenoble 1919
Delaye, 8, place Bellecour, Lyon 1929
Déléon (docteur), Lancey (Isère) 1923
Dieu-Aide, directeur du Comptoir d'Escompte, 3, place de la Bastille, Grenoble 1929
Doré (Gustave), 8, rue Hector-Berlioz, Grenoble. 1926
Doublier (abbé), docteur en théologie, 7, avenue Félix-Viallet, Grenoble 1912
Drouet, notaire, 3, avenue Alsace-Lorraine, Grenoble 1923
Ducoin (Emile), 38, rue du Plat, Lyon (Rhône) .. 1894
Dugas (Louis), château du Colombier, Saint-Maurice-l'Exil (Isère) 1926
Dugon (comte), château de Moidière, La Verpillière (Isère) 1925
Dugueyt (Paul), 60, avenue Victor-Hugo, Paris (16e) 1924
Dumas, villa Aimée, La Tronche (Isère) 1929
Dumolard (H.), président de Chambre à la Cour d'appel, 30, avenue Félix-Viallet, Grenoble .. 1927
Duprey (commandant), chemin de Mortillet, à l'Ile-Verte, Grenoble 1919
Dussert (Jules), 18, rue Sommeiller, Annecy (Haute-Savoie) 1922

DES ESSARTS (Mme), château de Marlieu (Isère) ... 1922
FANJAS-CLARET, 1, place de Bérulle, Grenoble .. 1917
FARGE (François), avocat, Pontoise (Seine-et-Oise). 1923
FAURE (Claude), archiviste départemental, 2, chemin de Montauban, Lyon (Rhône) 1906
FOLLIASSON (Mme), 31, rue Saint-Placide, Paris (6e) 1914
FOURNIER (Paul), membre de l'Institut, 71, avenue de Breteuil, Paris (15e) 1882
FOURNIER (Pierre), banquier, 12, rue Pollosson, Bourgoin (Isère) 1929
FRÉDET (Henri), industriel, château du Mas, Brignoud (Isère) 1922
FREYNET (Charles), directeur honoraire de l'Enregistrement, 29, rue Eugène-Faure, Grenoble. 1918
FRITZ, directeur des Contributions directes, 4, place de Metz, Grenoble 1922
DE GAILHARD-BANCEL (H.), ancien député de l'Ardèche, Les Ramières, Allex (Drôme) 1898
DE GALBERT (comte Raymond), La Buisse, par Voiron (Isère) 1924
GALLAND, inspecteur des Chemins de fer en retraite, 7, boulevard Gambetta, Grenoble .. 1922
GARNIER (abbé), docteur ès lettres, supérieur de l'Institution Robin, Vienne (Isère) 1922
GAUDET (Léon), 1, rue de la Liberté, Grenoble .. 1905
GENESTE, avenue Saint-Michel, villa des Roses, Cap-d'Ail (Alpes-Maritimes) et château de Vignieu (Isère) 1900
GENET (abbé), professeur à l'Externat Notre-Dame, 8, rue Pierre-Duclot, Grenoble 1921
GENIN (Auguste), officier de la Légion d'honneur, Rosales 33, Mexico (Mexique) 1929
GIRAUD (Georges), ingénieur, 31, rue Morel, Douai (Nord) 1928
GIRAY (Monseigneur), évêque de Cahors (Lot) ... 1917
GOLLION, notaire, 1, rue Molière, Grenoble 1924
GONNET, avocat, 4, rue Casimir-Périer, Grenoble. 1923
GRAEFF (abbé), curé de Saint-Pierre-d'Allevard (Isère) 1910
GRANDCLAUDE (Maurice), chargé de cours, Faculté de Droit, 4, square des Postes, Grenoble 1924
GROS (J.), conservateur honoraire des Hypothèques, 9, place de Metz, Grenoble 1926
GUÉDEL (Jean), professeur d'histoire au Lycée, 5, rue Germain, Grenoble 1922

GUÉRIN, directeur de la Banque de France, Grenoble 1925
GUICHARDON (S.), 27, quai Claude-Bernard, Lyon. 1921
GUIGUES (Clément), 38, avenue Alsace-Lorraine, Grenoble 1924
GUIRIMAND (Edmond,) 5, rue Madeleine, Grenoble 1893
GUY (abbé), chanoine honoraire, curé de Saint-Bruno, Voiron (Isère) 1924
GUY, avocat, 2, place de l'Etoile, Grenoble 1923
HÉLIE (abbé), chanoine honoraire, curé des Charpennes, 28, rue de Pressensé, Villeurbanne (Rhône) 1923
HEYMANN (Gabriel), archiviste, Archives municipales, Grenoble 1929
HUGUET (abbé), curé-archiprêtre de Crémieu (Isère) 1922
HULIN (Victor), inspecteur des Forêts, Ecole Forestière, Nancy (Meurthe-et-Moselle) 1923
HUMBERT-BOUCHER (docteur), professeur Ecole de Médecine, 1, square des Postes, Grenoble ... 1924
HUMBERT-DUFRESNE, 12, avenue de Lyon, Tain (Drôme) 1918
JAIL (chanoine), au Bon Pasteur, Saint-Martin-d'Hères 1894
JAIL (abbé), professeur au Grand Séminaire, Meylan (Isère) 1924
JAILLET (Charles), industriel, 8, place Saint-Maurice, Vienne (Isère) 1927
JASSOUD (abbé), chanoine honoraire, 12, rue de Bagneux, Châtillon-sous-Bagneux (Seine) .. 1909
JOUFFRAY (colonel), Ker-Huel en Aradon (Morbihan) 1889
JOUVIN (Joseph), 4, place de Verdun, Grenoble .. 1925
JULLIARD (abbé), chanoine honoraire, archiprêtre de Saint-Maurice de Vienne (Isère) 1922
JULLIEN (abbé), chanoine honoraire, curé d'Aix-les-Bains (Savoie) 1927
JULLIEN-FÉVRIER, château de Craponoz, Bernin, par Crolles (Isère) 1929
KLAEYLÉ (docteur), 4, place Victor-Hugo, Grenoble 1922
LA BONNARDIÈRE (Ernest), directeur d'Assurances, 4, rue Vauban, Grenoble 1905
LAFANECHÈRE (E.), 24, avenue Félix-Viallet, Grenoble 1927
LAFORET (J.-L.), 16, place Notre-Dame, Grenoble. 1929

LAROCHE-JOUBERT, ingénieur E. F. P., 10, rue Aimé-Berey, Grenoble 1928
LAURENCE-POND (Joseph) 1927
LEBON (Victor), pharmacien, rue Rose-Sage, Voiron (Isère) 1900
LEFÈVRE-PONTALIS (Germain), 118, faubourg Saint-Honoré, Paris (8e) 1894
LEFRANÇOIS (Albert), professeur au Lycée, 13, boulevard Gambetta, Grenoble 1907
LESBROS (Henri), 2, avenue Félix-Viallet, Grenoble 1926
DE LINAGE (commandant F.), 4e régiment du génie, 7, rue Villars, Grenoble 1922
LORIDON (abbé Gabriel), vicaire à la Métropole de Chambéry, membre titulaire de l'Académie de Savoie, 6, rue Métropole, Chambéry (Savoie) 1929
LORY (Pierre), 6, rue Fantin-Latour, Grenoble .. 1893
MAGNIN (Gabriel), 22, avenue Félix-Viallet, Grenoble 1920
MAGNIN (Mme Gabriel), 22, avenue Félix-Viallet, Grenoble 1923
DE MAGNY (Charles), 6, rue Voltaire, Grenoble, et Reignier (Haute-Savoie) 1896
DE MALUS (Mlle Marguerite), Saint-Gervais (Isère). 1901
DE MARLIAVE (Charles), 41, rue de l'Elysée, Grenoble 1924
MARTEL (abbé), chanoine honoraire, supérieur du Rondeau-Montfleury, La Tronche (Isère) 1920
MARTIN (Joseph), architecte diplômé, 3, rue Montorge, Grenoble 1907
MARTIN (Maurice), Banque du Dauphiné, place Victor-Hugo, Grenoble, et La Tronche (Isère) 1904
MARTIN, ancien notaire, Montbonnot (Isère), et 9, place Victor-Hugo, Grenoble 1912
LE MASSON (Mlle), 22, rue du Lycée, Grenoble 1926
MATTHELIN, notaire, Lancey (Isère) 1925
MAURIN (S. E. le cardinal), archevêque de Lyon .. 1911
MERCERON-VICAT (Henri), 3, square des Postes, Grenoble 1922
DE MIRIBEL (comte E.), 60, avenue de La Bourdonnais, Paris (7e) 1929
MOLLARD (Joseph), docteur en médecine, 35, rue Victor-Hugo, Lyon 1892
MOLLARET (docteur), 16, place Notre-Dame, Grenoble 1917

Le Monastère de la Grande-Chartreuse, Farneta, Presso Lucca, Toscane (Italie) ....
De Monclos (Paul), château de Monteuil, à La Buisse, par Voiron (Isère) 1914
De Monteynard (marquis), château de Montélier, Montélier (Drôme) 1921
De Monts de Savasse (comte), 12, rue de la Petite-Loge, Montpellier (Hérault) 1897
Morel J.-B., à Domène (Isère) 1925
Moulinier (Louis), 17, rue Hébert, Grenoble 1925
Muller, école de Médecine, Grenoble 1918
Martinus Nijhoff, libraire, Lange Voorhoute 9, S'Gravenhage, La Haye (Hollande) 1928
Du Noyer de Lescheraine (baron Maurice), directeur de la banque Bouilloux-Lafont, Châteauroux (Indre) 1911
D'Oncieu de Chaffardon (marquis), château de Chaffardon, par Saint-Jean-d'Arvey (Savoie). 1901
Paturle (Camille), à Fourvoirie (Isère) 1925
Paul (Etienne), ingénieur, 5, rue de la Liberté, Grenoble 1922
Pavin de Lafarge (Joseph), Viviers (Ardèche) et Tullins (Isère) 1897
Pélissier (abbé), professeur à l'Institution Robin, Vienne (Isère) 1925
Péronnet (docteur), 1, place Jean-Achard, Grenoble 1926
Perrin (abbé), curé de La Buissière (Isère) 1888
Perrin (Charles), 2, rue Marcel-Benoît, Grenoble. 1925
Perrin (Henri), 22, avenue Félix-Viallet, Grenoble 1919
Perroud (abbé), professeur au Grand Séminaire de Chambéry, membre de l'Académie de Savoie, Saint-Alban-de-Leysse, Chambéry (Savoie) 1929
Picolet d'Hermillon (commandant), Bissy, par Chambéry (Savoie) 1926
Pinat (Noël), château de Pointières, Gillonnay, par La Côte-Saint-André (Isère) 1926
Pinet de Manteyer (Georges), archiviste départemental, Gap (Hautes-Alpes) 1901
Piollet (Léon), 20, rue de Strasbourg, Grenoble. 1914
Pion (Jean), directeur de la Dette Inscrite, 6, rue Saint-Dominique, Paris (7e) 1907
Plaisançon, La Terrasse (Isère) 1900

Poussielgue (colonel), 47, avenue Alsace-Lorraine, Grenoble 1925
De Quinsonas (marquis), château de Mérieu, par Morestel (Isère) 1912
Rabatel-Fernel (Georges), avoué à la Cour, 9, rue Lesdiguières, Grenoble 1923
Rajaud (Alphonse), industriel, Vizille (Isère) ... 1919
Reynaud (Gabriel), directeur d'assurances, 11, avenue Alsace-Lorraine, Grenoble 1929
De Renéville (comte Henry), 41, rue de l'Elysée, Grenoble, et château de Bresson, Eybens (Isère) 1893
De Renéville (Pierre), ingénieur, villa des Marronniers, La Sauvegarde, Ecully (Rhône) ... 1918
Repellin (Pierre), libraire, place Victor-Hugo, Grenoble 1928
Revel (commandant), 25, rue Wilson, Besançon (Doubs) 1926
Revol (colonel), commandant le 99e régiment d'infanterie, Lyon 1924
Reymond (Alexandre), 24, rue Marceau, Grenoble. 1924
De Riaz (Henri), château Le Fief, Chéserex-sur-Nyon, canton de Vaud (Suisse) 1911
Riboulet, correspondant de journaux, 6, rue Vicat, Grenoble 1929
Richard (François), magistrat, 16, rue Sadi-Carnot, Hellesmes-Lille (Nord) 1908
Rivier (Augustin), 2, place Vaucanson, Grenoble. 1925
Guynot de Rochemonteix (comte), 17, avenue de Breteuil, Paris (7e) 1921
Rome, 7, rue Lesdiguières, Grenoble 1901
Rouast (A.), professeur à l'Université, 70, rue d'Assas, Paris (6e) 1922
Roux (général), 19, rue Hébert, Grenoble 1922
Sabatier (lieutenant-colonel), château de Craponoz, Bernin, par Crolles (Isère) 1925
Saunier (docteur), Heyrieu (Isère) 1924
Silvy (Gabriel), 14, rue des Bains, Grenoble 1925
Silvy (Paul), 2, rue Saint-Jacques, Grenoble 1925
Smith (docteur E.-A.), 1281 Paterson Road, Secaucus, New-Jersey, U. S. A. 1929
La Société Humbert-II, Romans (Drôme) ....
Stouff (Louis), professeur à la Faculté des Lettres de Dijon, à Meylan (Isère) et Arbois (Jura) ... 1903
Terrasse (docteur), Chamonix (Haute-Savoie) 1928

THOMÉ DE MAISONNEUVE, 24, Grand'Rue, Bourg-de-Péage (Drôme) 1920
TREPPOZ, ancien notaire, 53, rue Victor-Hugo, Lyon 1896
TURC (abbé), St-Barthélemy-de-Beaurepaire (Isère). 1919
DE VALLÉE, Saint-Nazaire (Isère) 1907
VALLENTIN DU CHEYLARD (Roger), rue Corne-Roche, Montélimar (Drôme) 1902
VAUJANY (abbé), aumônier de l'Hospice des Vieillards, La Tronche (Isère) 1922
VERDET-KLÉBER (Robert), Rives (Isère) 1923
VERNAY (Félix), inspecteur primaire honoraire, Charnècles (Isère) 1928
DE VIRIEU (marquis), château de Virieu (Isère) et 5, rue Dufrenoy, Paris (16e) 1923
DE VIRIEU (comte Aymon), château de La Buisse, par Voiron (Isère) 1929
TANCRÈDE DE VISAN, licencié ès lettres, 7, rue de Bonnel, Lyon 1910
WAYMEL (général), commandant la brigade d'infanterie, 19, rue Hébert, Grenoble 1928

LISTES DES SOCIÉTÉS CORRESPONDANTES

Sociétés correspondantes

Ministère de l'Instruction publique : Comité des travaux historiques et scientifiques.

Bulletin archéologique.

Section des sciences économiques et sociales.

Bulletin historique et philologique.

Comptes rendus des Sociétés savantes (Paris et départements).

1. Ain. — Société Gorini, à Bourg.

2. — — Le Bugey (Société scientifique, historique et littéraire), à Belley.

3. — — Société d'émulation et d'agriculture, à Bourg.

4. Aisne. — Société historique et archéologique de Château-Thierry.

5. Algérie — Société archéologique de la province de Constantine.

6. — — Société historique algérienne. Revue africaine, à Alger.

7. Alpes (Basses-). — Société scientifique et littéraire des Basses-Alpes, à Digne.

8. Alpes (Hautes-). — Société d'études des Hautes-Alpes, à Gap.

9. Alpes-Maritimes. — Société des lettres, sciences et arts, à Nice.

10. Ardèche. — Revue du Vivarais (Directeur : l'abbé Roche, à La Voulte-sur-Rhône, Ardèche).

11. Aube. — Société académique d'agriculture, sciences, arts et belles-lettres de l'Aube, à Troyes.

12. Aude. — Commission archéologique et littéraire de Narbonne.

13. Belfort. — Société belfortaine d'émulation, à Belfort.

14. Bouches-du-Rhône. — Académie des sciences, agriculture, arts et belles-lettres d'Aix, à Aix.

15. — — Annales de la Faculté de droit et lettres, à Aix.

16. — — Société d'études provençales, à Aix.

17. Calvados. — Académie nationale des sciences, arts et belles-lettres de Caen, à Caen.

18. Cantal. — Société des lettres, sciences et arts de la Haute-Auvergne (Hôtel de Ville, Aurillac).

19. Charente. — Société archéologique et historique de la Charente, à Angoulême.

20. Charente-Inférieure. — Société des archives historiques de la Saintonge et de l'Aunis, à Saintes.

21. Côte-d'Or. — Académie des sciences, arts et belles-lettres de Dijon.

22. Doubs. — Académie des sciences, belles-lettres et arts de Besançon.

23. Drôme. — Société départementale d'archéologie et de statistique de la Drôme, à Valence-sur-Rhône.

24. Eure. — Société libre d'agriculture, sciences, arts et belles-lettres de l'Eure, à Evreux.

25. Eure-et-Loir. — Société dunoise d'archéologie, histoire, sciences et arts, à Châteaudun.

26. Finistère. — Société archéologique du Finistère, à Quimper.

27. Garonne (Haute-). — Académie des sciences, inscriptions et belles-lettres, à Toulouse.

28. — — Société archéologique du Midi de la France, à Toulouse.

29. Gironde. — Académie nationale des sciences, belles-lettres et arts de Bordeaux.

30. — — Société des sciences physiques et naturelles, à Bordeaux.

31. Hérault. — Académie des sciences et lettres de Montpellier.

32. — — Société archéologique de Montpellier.

33. — — Société archéologique, scientifique et littéraire, à Béziers.

34. — — Société pour l'étude des langues romanes (Revue des langues romanes), à Montpellier.

35. Ille-et-Vilaine. — Société archéologique d'Ille-et-Vilaine, à Rennes.

36. Indre-et-Loire. — Société archéologique de Touraine, à Tours.

37. — — Société d'agriculture, sciences, arts et belles-lettres d'Indre-et-Loire (Palais du Commerce, 4 *bis*, rue Jules-Favre, à Tours).

38. Isère. — Société scientifique, à Grenoble.

39. — — Société dauphinoise d'ethnologie et d'anthropologie, à Grenoble.

40. — — Société des Amis de Vienne, à Vienne.

41. — — Rhodania, à Vienne.

42. LOIRE. — La Diana. Société historique et archéologique du Forez, à Montbrison.

43. — — Société d'agriculture, industrie, sciences, arts et belles-lettres du département de la Loire, à Saint-Etienne.

44. LOIRE-INFÉRIEURE. — Société archéologique de Nantes et du département de la Loire-Inférieure, à Nantes.

45. LOIRET. — Société archéologique et historique de l'Orléanais, à Orléans.

46. MAINE-ET-LOIRE. — Société nationale d'agriculture, sciences et arts d'Angers.

47. MANCHE. — Société nationale académique de Cherbourg.

48. MARNE. — Académie de Reims, à Reims.

49. — — Société des sciences et arts de Vitry-le-François.

50. MARNE (HAUTE-). — Société historique et archéologique de Langres.

51. MEURTHE-ET-MOSELLE. — Académie de Stanislas, à Nancy.

52. — — Société d'archéologie lorraine, à Nancy.

53. MEUSE. — Société des lettres, sciences et arts de Bar-le-Duc.

54. MOSELLE. — Académie de Metz, à Metz.

55. NORD. — Société dunkerquoise pour l'encouragement des sciences, des lettres et des arts, à Dunkerque.

56. — — Société des sciences, de l'agriculture et des arts, à Lille.

57. OISE. — Comité archéologique de Senlis.

58. — — Société historique de Compiègne.

59. ORNE. — Société historique et archéologique de l'Orne, à Alençon.

60. PAS-DE-CALAIS. — Académie des sciences, lettres et arts, à Arras.

61. — — Société des Antiquaires de la Morinie, à Saint-Omer.

62. PYRÉNÉES (BASSES-). — Société des sciences, lettres et arts, à Pau.

63. PYRÉNÉES-ORIENTALES. — Société agricole, scientifique, littéraire de Perpignan.

64. RHIN (BAS-). — Société des sciences, agriculture et arts de la Basse-Alsace, à Strasbourg (Gymnase, 8, place des Etudiants).

65. Rhin (Haut-). — Société d'histoire naturelle de Colmar.

66. Rhône. — Académie des sciences, belles-lettres et arts de Lyon.

67. — — Bulletin historique du diocèse de Lyon, à Lyon.

68. — — Société littéraire, historique, archéologique de Lyon.

69. Saône-et-Loire. — Académie de Mâcon.

70. — — Société d'histoire et d'archéologie de Chalon-sur-Saône.

71. — — Société Eduenne, à Autun.

72. Sarthe. — Revue historique et archéologique du Maine, Le Mans.

73. — — Société d'agriculture, sciences et arts, Le Mans.

74. Savoie. — Société savoisienne d'histoire et archéologie, à Chambéry.

75. — — Société académique de Savoie et Académie nationale des sciences, belles-lettres, arts de Savoie, à Chambéry.

76. — — Académie de la Val-d'Isère, à Moutiers.

77. — — Société d'histoire et d'archéologie de Maurienne, à Saint-Jean-de-Maurienne.

78. Savoie (Haute-). — Société florimontane et Association florimontane (Revue savoisienne), à Annecy.

79. — — Académie chablaisienne, à Thonon.

80. — — Académie salaisienne, à Annecy.

81. Seine. — Société d'anthropologie, à Paris.

82. — — Société des Etudes historiques, à Paris.

83. — — Société nationale des Antiquaires de France, à Paris.

84. Seine-et-Marne. — Société d'archéologie, sciences, lettres et arts du département, à Melun.

85. Seine-et-Oise. — Société des sciences morales, lettres et arts (Revue de l'histoire de Versailles), à Versailles.

86. Seine-Inférieure. — Société nationale havraise d'études diverses, Le Havre.

87. Somme. — Société des Antiquaires de Picardie, à Amiens.

88. Tarn-et-Garonne. — Société des sciences, belles-lettres et arts de Montauban.

89. Var. — Société académique du Var et Académie du Var (rue Saunier, à Toulon).

90. VAUCLUSE. — Académie de Vaucluse, à Avignon.
91. VIENNE. — Société des Antiquaires de l'Ouest, à Poitiers.
92. — — Revue Mabillon, à Ligugé (Vienne).
93. VIENNE (HAUTE-). — Société archéologique et historique du Limousin, à Limoges.
94. VOSGES. — Revue philomatique vosgienne, à Saint-Dié.
95. YONNE. — Société des sciences historiques et naturelles de l'Yonne, à Auxerre.

BIBLIOTHÈQUES

1. Bibliothèque de l'Université de Grenoble (Isère).
2 — municipale de Grenoble (Isère).
3. — — de Vienne (Isère).
4. — — de Briançon (Hautes-Alpes).
5. — de l'Université de Toulouse (Haute-Garonne).
6 — de l'Institut français de Florence (Italie).

Sociétés étrangères

1. — Académie royale d'archéologie de Belgique (31, rue Mutsaert, Anvers. — Belgique).
2. — Société des Bollandistes (24, boulevard Saint-Michel, Bruxelles. — Belgique).
3. — Accadémia dei Lincei (Rome. — Italie).
4. — Regia societa romana di Storia Patria (Rome. — Italie).
5. — Regia deputazione di Storia Patria (Turin. — Italie).
6. — Societa storica Subalpina (Turin. — Italie).
7. — Societa storica Lombarda (Milan. — Italie).
8. — Augusta Pretoria (Val-d'Aoste. — Italie).
9. — Bibliothèque vaticane (Rome. — Italie).
10. — Société royale norvégienne des sciences et des lettres (Erling. Skakkes gate 47) (Trondhjem. — Norwège).
11. — Kungl. Vitterhets Historie u. Antkvitets Akademien Fornwannen (Upsal. — Suède).
12. — Université royale d'Upsala (Upsal. — Suède).
13. — Kungl. Humanistiska Vetenskaps Samfundet (Upsala. — Suède).
14. — Société d'histoire de la Suisse romande. Bibliothèque cantonale (Lausanne. — Suisse).

15. — Société d'histoire du canton de Fribourg (Fribourg. — Suisse).
16. — Société d'histoire, archéologie de Genève (Genève. — Suisse).
17. — Société neuchâteloise de géographie (Neuchâtel. — Suisse).
18. — Museo nacional de Montevideo (Montevideo. — Uruguay).
19. — University of Illinois Studies, in language and literature d'Urbana (Illinois. — Etats-Unis).
20. — Wisconsin Academy of sciences arts et letters, Madison (Wisconsin. — Etats-Unis).

EXTRAITS
DES PROCÈS-VERBAUX DE L'ACADÉMIE

Séance du 24 février 1928

(Présidence de M. Barbillion, président)

M. le professeur Barbillion, élu président pour l'année 1928, prononce l'allocution d'usage.

La parole est donnée ensuite à M. l'abbé Tresson, qui fait d'abord l'historique du musée égyptien de Grenoble, lequel comporte 340 numéros. Puis, il explique les cinq stèles de Nouvel Empire d'Amenemhaït, d'Ouser, de Padouisit, de Nimerzedptahmâ et de Koubân. Après un arrêt à diverses pièces, notamment à une série de pierres, derniers vestiges du temple de Mentou à Erment, à un curieux bas-relief géographique de période ptolémaïque, à cinq fragments de la cuve d'Amenhotep, fils d'Hapou, et à une rarissime stèle carienne, il aborde l'examen des cinq cercueils de la salle, surtout de celui de Psamtik, une des merveilles de l'art saïte. Une étude détaillée des deux sépultures d'Antinoé et des nombreux objets de la vitrine, particulièrement des figurines de Toumah et des masques d'Antinoé, termina cette communication qu'illustrèrent vingt projections, toutes relatives au musée égyptien de Grenoble et dues à l'extrême habileté de M. Piccardy.

LE CONCOURS PALLIAS

M. le professeur Barbillion, président, fait connaître que dans le courant de l'exercice aura lieu le concours Pallias et conformément aux dispositions ci-après, arrêtées par le Conseil d'administration :

Article premier. — Le huitième concours Pallias aura lieu en 1928.

Art. 2. — Seront admis à ce concours tous les ouvrages manuscrits ou imprimés de littérature, d'histoire, d'érudition, d'archéologie et beaux-arts, relatifs au Dauphiné, sous la réserve que ces ouvrages n'auront pas été publiés avant le 1er janvier 1923.

Art. 3. — Les manuscrits ou livres devront être déposés à l'hôtel de la Caisse d'épargne, au nom de M. le commandant le Masson, bibliothécaire de l'Académie, avant le 1er juillet 1928. Les imprimés devront être fournis à cinq exemplaires. Les manuscrits seront rendus.

Art. 4. — Les concurrents devront attester par une déclaration écrite que les ouvrages qu'ils soumettent au jugement de l'Académie n'ont pas été récompensés à un autre concours.

Art. 5. — Un jury de cinq membres, choisi parmi les titulaires de l'Académie et nommé par elle au scrutin de liste dans la première séance d'octobre 1928, sera chargé d'examiner les ouvrages présentés au concours et de statuer sur l'attribution des prix. La décision de ce jury ne sera définitive qu'après avoir été ratifiée par l'Académie, réunie en Comité secret.

Art. 6. — La proclamation des prix Pallias sera faite à l'Assemblée générale de janvier 1929.

M. Laroche-Joubert est présenté en qualité de membre associé.

M. Repellin, libraire, est élu membre associé.

Séance du 13 avril 1928

(Présidence de M. Barbillion, président)

En ouvrant la séance, M. le professeur Barbillion, président, rappelle le deuil qui a frappé l'Académie Delphinale, en la personne de M. Alfred Hardouin, membre de la Compagnie depuis 1892, et qui occupa pendant de longues années les fonctions de bibliothécaire-archiviste. Il dit les regrets unanimes que laisse ce confrère et cet homme excellent.

M. le comte de Villenoisy fait une très complète analyse des publications reçues.

M. Barbillion expose ensuite quelques vues sur le rôle et la formation de l'élite en face du problème de la réorganisation industrielle.

M. le général Weymel est présenté en qualité de membre associé.

M. Laroche-Joubert est élu membre associé.

Séance du 25 mai 1928

(Présidence de M. Barbillion, président)

Le lieutenant-colonel de Guillebon donne lecture d'une étude sur les rapports de Casimir Périer, le ministre de Louis-Philippe, avec Grenoble, sa ville natale. Casimir Périer naquit à Grenoble, le 11 octobre 1777. Parti à 18 ans pour Paris, où il fonda et dirigea une foule d'affaires et où il aborda la carrière politique, il ne reparut que rarement dans sa ville natale. Lorsqu'il y revint, en 1825, après une absence de quinze ans, pour le mariage d'une de ses nièces avec M. de Rémusat, il jouait déjà un très grand rôle au Parlement. Aussi Grenoble d'abord, Vizille ensuite lui ménagèrent-elles des réceptions triomphales, sur lesquelles on possède force détails. Il était président du Conseil en 1832, lorsque survinrent de très graves incidents entre la population grenobloise et le 32e régiment de ligne. Casimir Périer prit parti pour ce dernier. Sur ces entrefaites, il mourut brusquement. Grenoble bouda la souscription nationale ouverte pour lui élever un monument et ne lui accorda plus tard ni une statue, ni un buste, ni une plaque commémorative, alors qu'à Paris ce grand homme d'Etat possède, au rond-point du Père-Lachaise, un monument superbe. N'y a-t-il pas là un contraste regrettable et pénible ?

M. le professeur Barbillion, président, remercie M. le colonel de Guillebon de sa très intéressante communication. L'Académie ne peut que souhaiter voir honorer la mémoire de nos concitoyens illustres. Dans ce sens, un vœu unanime est émis par l'Assemblée pour qu'une plaque soit apposée sur la maison où naquit Casimir Périer.

Le président fait part à l'assemblée que la famille du regretté commandant de Prunières a été admise à bénéficier de la fondation Carnégie, créée en vue de récompenser les actes d'héroïsme.

M. le colonel de Guillebon est présenté comme membre titulaire en remplacement de M. le comte de Galbert.

M. Martinus Nijhoff est présenté en qualité de membre associé.

M. le général Weymel est élu membre associé.

Séance du 29 juin 1928

(*Présidence de M. Barbillion, président*)

Après un rapide examen des publications reçues, et l'expédition des affaires courantes, la parole est à M. Claude Faure, archiviste du département du Rhône, pour l'exposé du travail dont il a bien voulu se charger en vue de la publication, sous les auspices de l'Académie Delphinale, d'un deuxième volume des lettres du cardinal Le Camus. L'éminent paléographe expose les pourparlers engagés et la correspondance échangée par lui avec les personnes susceptibles de lui assurer la copie fidèle des textes appartenant aux bibliothèques du Vatican et de Turin ; il donne lecture de quelques lettres dont plusieurs faisant partie d'une correspondance secrète du plus haut intérêt.

M. Claude Faure est vivement félicité par l'Académie Delphinale qui voit avec une vive satisfaction se poursuivre une publication dont elle a assumé les charges.

M. R. Latouche, archiviste honoraire, maître de conférences à la Faculté des Lettres de Grenoble, est présenté en qualité de membre titulaire, en remplacement de M. Allix qui a quitté Grenoble. M. Armanet, à Ruffieux, et M. le docteur Terrasse, à Chamonix, sont présentés en qualité de membres associés.

M. le colonel de Guillebon est élu membre titulaire.

M. Nijhoff est élu membre associé.

Séance du 9 novembre 1928

(*Présidence de M. Barbillion, président*)

Le colonel de Guillebon prononce son discours de réception. Le président lui répond.

M. Latouche, maître de conférences à la Faculté des Lettres, est élu membre titulaire.

MM. Armanet et le docteur Terrasse sont élus membres associés.

M. Georges Giraud est présenté en qualité de membre associé.

L'Académie procède à la nomination du jury pour le concours Pallias. Sont élus : MM. le doyen Morillot, l'abbé Dussert, Letonnelier, Masimbert, commandant Juster.

Séance du 23 novembre 1928

(Présidence de M. Barbillion, président)

M. l'abbé Tresson relate les principaux événements de la vie de du Bois-Aimé, né à Pont-de-Beauvoisin (Isère), le 22 décembre 1779, décédé subitement à Meylan le 15 mars 1846. Il montre l'activité dont il fit preuve comme membre de la Commission des Sciences et Arts et passe en revue les dix mémoires qu'il publia dans la Description de l'Egypte ; puis, il termine en étudiant les diverses pièces du Musée (aujourd'hui dispersé) que notre compatriote rassembla dans sa propriété de l'Enclos de Meylan et dont la plus importante était constituée par une stèle en calcaire, haute de o m. 46 provenant d'Abydos et remontant à la XIIe dynastie (vers 2000 avant Jésus-Christ). Cette stèle actuellement propriété de M. le professeur Stouff, débute par deux proscynèmes à Osiris pour Ren-senb et son épouse Ani, représentés assis, face à une table d'offrandes qu'encadrent deux vases sur support et natte et que surmonte un plateau chargé de provisions. Viennent ensuite deux carrés de dix lignes hiéroglyphes, énumérant dix-sept personnages, sans doute amis des deux défunts. L'inscription se termine par une exhortation au visiteur de réciter pour Ren-senb, moyennant l'assurance de la protection du dieu Oup-Ouacuit, la formule rituelle de tradition. M. l'abbé Tresson montre l'importance de la pierre de Meylan au point de vue épigraphique, grammatical, lexicologique et il établit à l'aide de projections une comparaison avec certaines stèles d'époques postérieures du Musée de Grenoble.

M. le professeur Barbillion, président, remercie M. l'abbé Tresson de cette intéressante étude sur la personne et les travaux de du Bois-Aimé et sur les pièces de ses collections.

Le colonel Lemaître prononce son discours de réception. Le président lui répond.

M. Félix Vernay, inspecteur primaire honoraire, est présenté en qualité de membre associé.

M. Georges Giraud est élu membre associé.

Séance du 21 décembre 1928

(*Présidence de M. le commandant le Masson, vice-président*)

En ouvrant la séance, M. le commandant le Masson fait un rapide examen des dernières publications reçues.

M. l'abbé Dussert, docteur ès lettres, présente à l'Académie un mémoire de M. l'abbé David, chargé de cours à l'Université de Cracovie, sur des généalogies dauphinoises du XIe siècle.

Avant de donner une analyse sommaire de ce travail, d'en dégager les grandes lignes et d'en préciser les points de détail importants, M. Dussert formule quelques observations critiques au sujet de la nouvelle méthode basée sur les indices onomastiques, topographiques et « juridiques » qui permettent de déceler les liens de parenté unissant entre eux les personnages dont la généalogie nous échappe. Il rappelle les réserves faites récemment sur cette théorie dans la « Revue historique » et les « Annales du Midi » : son application prête très facilement à des déductions subtiles et hypothétiques ; on risque de jouer dangereusement avec les textes, d'assimiler ses conjectures avec des certitudes de transformer une supposition en fait démontré et de s'en servir ensuite pour démontrer autre chose encore ; en un mot, de confondre le possible et le probable avec le réel.

M. David use de cette méthode avec circonspection. Dans son savant mémoire, prélude d'une composition où ses recherches seront harmonieusement ordonnées en un tableau d'ensemble, ce qui l'a préoccupé avant tout c'était d'appuyer solidement ses conclusions. Si ses minutieuses analyses de chartes sont d'une complexité et d'une aridité inévitables en pareille matière, on ne saurait lui contester une saine érudition. Il ne prétend pas avoir découvert des documents nouveaux — ce qui eût été bien surprenant — ni même avoir porté une pleine lumière là où d'excellents travailleurs n'ont pu aboutir avant lui qu'à d'ingénieuses hypothèses. Il essaye simplement de construire l'arbre généalogique de plusieurs grandes familles de la vallée moyenne du Rhône, durant le haut moyen âge dauphinois, d'après la communauté des noms et l'identité des lieux où étaient leurs domaines.

Des multiples discussions critiques de textes qui les concernent se dégagerait, entre autres, la conclusion suivante : contrairement à l'avis de M. de Manteyer, les Guigue ne descendraient des Rostaing qu'en ligne féminine ; leur ascendance paternelle se rattacherait à la race des Silvien de Silhac, en Vivarais, par une branche collatérale. La branche aînée fut, un instant, sur le point de fonder, avec Silvien II, de Clérieu, un Etat féodal autour de Saint-Bernard-de-Romans. Les Guigue l'emportèrent grâce à leurs alliances matrimoniales. Par les femmes, leur lignée tient à tout ce qui a été grand sur les rives du Rhône. Ce sont des évêques et des princesses qui ont préparé le Dauphiné.

M. l'abbé Dussert donne ensuite lecture de l'article qui concerne l'évêque Isarn et où M. David interprète, une fois de plus, le fameux préambule de la charte XVI du second cartulaire de Saint-Hugues, relatif à la situation politique du diocèse de Grenoble, après l'expulsion des Sarrasins. Quand il appelait des bords du Rhône les Alleman, les Aynard, avec des colons, pour repeupler le Graisivaudan, Isarn s'y attribuait-il l'autorité comtale comme sur un pays conquis ? Il est probable qu'Isarn d'abord, Humbert ensuite, voulurent en disposer en faveur de leurs proches, pour créer des dynasties à la fois féodales et épiscopales, grâce auxquelles le sceptre et la crosse se prêteraient un mutuel appui. Il y avait là un danger pour l'Eglise, Hugues de Die, légat de Grégoire VII, s'efforça d'y obvier en portant au siège épiscopal de Grenoble Hugues de Chateauneuf, membre d'une de ces familles de petite noblesse qui ne bénéficiaient pas de si hautes alliances. L'évêque de Grenoble reconquit la liberté de son église ; mais il était trop tard pour garder du comté autre chose qu'un vain titre.

Par ce résumé, trop bref pour la richesse des vues nouvelles qui se dégagent du mémoire de M. David, on peut juger de l'intérêt de sa contribution à notre histoire provinciale et des progrès réalisés depuis l'époque où Alfred de Terrebasse publiait ses premières recherches sur les Dauphins du Viennois.

M. l'abbé Dussert termine par quelques réflexions sur l'influence des facteurs géographiques et économiques et sur la part qui revient aux individualités ou dynasties locales dans la formation de petits Etats féodaux comme le Dauphiné et la Savoie, ainsi que sur l'importance de la « technique d'investigation » dans les sciences historiques.

M. Vernay est élu membre associé.

MM. Fournier, Genin, Laforêt, abbé Loridon, abbé Perroud, Riboulet, sont présentés en qualité de membres associés.

Séance du 1er février 1929

(Présidence de M. Barbillion, président)

M. Belmont est présenté comme membre titulaire en remplacement de M. Giraud, décédé.

M. le colonel Clément est présenté en qualité de membre associé.

MM. Fournier, Genin, Laforêt, l'abbé Loridon, l'abbé Perroud, Riboulet sont élus membres associés.

M. Vatin-Pérignon a la parole et raconte les aventures d'un Dauphinois au Maroc en 1777.

Il est procédé ensuite aux élections pour le Bureau qui est ainsi constitué :

Président : le commandant le Masson ; *vice-président :* M. Silvy-Leligois ; *secrétaire perpétuel :* M. Letonnelier ; *trésorier honoraire :* M. Grimaud ; *trésorier perpétuel :* M. Belmont ; *bibliothécaire :* le commandant le Masson (provisoirement).

ANNEXES AUX PROCÈS-VERBAUX

DISTRIBUTION DES PRIX VIRIEU-NOAILLES faite le 26 décembre 1928

Allocution du Président BARBILLION

L'Académie Delphinale, en outre de la mission qu'elle détient de son ancienneté même et de ses fondateurs, de se constituer la gardienne vigilante des traditions dauphinoises, de demeurer un centre de hautes études pour tout ce qui concerne la vie historique de notre pays, s'est vue investir d'une autre charge, non moins importante, et dont elle sait le plus grand gré à celui qui a bien voulu prendre l'initiative de la lui confier : M. le marquis de Virieu, aujourd'hui décédé, créateur de prix destinés à récompenser, au moyen d'un ingénieux mécanisme, aussi bien les familles nombreuses et honorables, que les communes dans lesquelles la natalité moyenne est particulièrement remarquable.

C'est donc en qualité de président de l'Académie Delphinale, président provisoire, car mes fonctions, qui se sont déroulées sans gloire, et, je le crains, sans grand profit pour l'Académie, vont prendre fin dans quelques semaines, que (assisté du très dévoué secrétaire perpétuel, M. Silvy-Leligois, et de l'ancien président de l'Académie, M. Cuche, dont les relations intimes avec M. le marquis de Virieu n'ont pas été étrangères à l'institution dont le jeu nous rassemble aujourd'hui), j'ai l'honneur, Monsieur le Maire, Monsieur le Curé, Messieurs les Conseillers municipaux, et vous aussi, mes chers Amis, futurs bénéficiaires des prix, de me présenter à vous.

Aucune mission ne pouvait être plus agréable au Président de notre Compagnie. S'il avait à émettre un regret, ce serait celui de ne voir celle-ci ne disposer que de ressources très peu importantes en vue du bien à faire. S'il avait un vœu à exprimer, ce serait celui de voir le très regretté fondateur des prix que nous distribuons aujourd'hui, M. le marquis de Virieu, rencontrer de nombreux imitateurs.

Est-il en effet de mérite plus éclatant envers le pays, que celui de lui consacrer une existence, déjà lourde de

2

travail et de peine pour l'homme et la femme, à l'éducation d'une famille nombreuse, réserve de force nationale pour un avenir, peut-être proche, qui n'est pas sans nuages ? Jusqu'à ces dernières années, jusqu'à la guerre notamment, il était de bon ton de railler quelque peu les familles nombreuses. Je vous fais grâce des ironies faciles qui avaient cours à ce sujet ; mais, maintenant, la terrible leçon des derniers événements a produit un revirement d'esprit complet. On conçoit un peu partout que le meilleur gage de sécurité pour l'avenir, réside dans une vitalité nationale accrue par le nombre de nos enfants. La France était, disaient nos ennemis d'hier, « un pays de fils uniques ». Or, il se trouve que, voyageant récemment dans le sud-ouest, j'y ai pu voir le triste spectacle de nombreuses fermes de la région toulousaine, ou abandonnées, ou passées entre les mains de colons italiens, éminemment sympathiques certes, mais tout de même étrangers à notre race. Ce « pays de fils uniques » a perdu beaucoup des siens à la guerre ; les vieux se sont découragés, et le vide s'est fait. Heureusement, aujourd'hui, comme je le disais tout à l'heure, les idées sont toutes autres, et le péril semble évité, puisqu'il est dénoncé.

Je m'en voudrais de prolonger trop longtemps cette allocution toute familière et toute amicale. En renouvelant nos félicitations aux bénéficiaires des prix, je leur transmets nos meilleurs vœux de prospérité et de bonheur dans l'existence si digne qu'ils se sont faite, en même temps que j'exprime tous nos remerciements à la commune qui a bien voulu nous recevoir, en la personne de ses chefs, aussi amicalement, et avec cette rude franchise si pleine de saveur pour les Dauphinois d'adoption, tels que celui qui vient de prendre la parole devant vous.

***

Il a été attribué par la Commission et en tenant compte des dispositions de la donation :

A M. Fuzier-Perrin (Paul), de Montrevel, un prix de 2.500 fr. ; à la commune de Montrevel, un prix de 1.000 fr. ; à M. Georges Millon, de Charavines, un prix de 2.000 fr. ; à la commune de Charavines, un prix de 500 fr. ; à M. Chavet, du Grand-Lemps, un prix de 2.000 fr.

ALLOCUTION

DE

M. BARBILLION

en prenant le fauteuil de la présidence de l'Académie Delphinale pour l'année 1928

Séance du 24 février 1928

Messieurs,

Au moment, sinon d'accepter, ce qui a été fait, du moins de remplir, en les inaugurant, des fonctions dont je sens, en même temps que le prix, toute la délicatesse, je crois d'un devoir de convenance élémentaire d'apporter ici une petite confession. Certes, plus que nul autre, nous sommes convaincu du caractère essentiellement haïssable du « moi », d'où d'abord cette forme plurielle, mais certaines humilités apparentes servent à revêtir si souvent des afflux d'orgueil intime, qu'on nous excusera, cette fois encore, de parler franc.

Comme nous avions l'honneur de vous le dire, il y a quatre ans, nul moins que nous ne semblait désigné pour être appelé à siéger au milieu d'une Compagnie dont, et l'éminence de ses membres, et la nature de ses préoccupations, ne cadrent guère avec ce que nous pouvions lui offrir en matière de compétence, d'abord, de valeur personnelle, ensuite.

Il a été passé outre à nos réserves et, plein de confusion, nous avons dû occuper l'un des fauteuils réservés, jusqu'ici, à des prédécesseurs dont les noms sont intimement mêlés à l'histoire glorieuse du Dauphiné, alors que nous, misérable, n'en étions qu'un enfant d'adoption, jeté par le hasard d'une vie de fonctionnaire sur la rive accueillante où nous avons pris pied, d'abord, et bâti une petite maison, ensuite.

Et voici que l'invraisemblable continue ! Non content d'être l'un des vôtres, j'ai eu la faiblesse, cédant à des sollicitations amicales, d'accepter d'être pour un an votre Président, périlleux honneur dont je me sens à l'avance indigne, et délicate mission à laquelle je sais devoir rester inférieur.

Cette année à courir marquera donc, je le regrette et j'en suis sûr, un temps d'arrêt dans l'évolution normale de votre Compagnie. Certains ont cru devoir dire..... et je les en remercie, bien que n'ayant aucune illusion sur ce qui va survenir et ainsi les blâmant..... qu'un scientifique, qu'un fonctionnaire, qu'un universitaire, un peu mêlé à la vie industrielle et économique du Dauphiné, pourrait infuser quelques gouttes de sang nouveau à un organisme éminemment respectable, mais qui, pour avoir scrupuleusement respecté sa haute tradition de ne se renouveler que parmi des élites, court le risque, commun à toutes les Assemblées excellentes, de voir, en ces temps de surréalisme, diminuer peu à peu ses sources de vie. « Du sang nouveau »... quel vilain mot..... et que nous avons en quelque sorte honte de répéter ici ! Retenons, toutefois, l'idée cachée sous ce terme matériel, et puisque l'on a bien voulu, mû par quelque secret espoir, sinon de transformation, du moins d'évolution, nous faire confiance, n'ayons pas crainte de dire ici que tous nos modestes efforts sont acquis à cette cause noble, et que nous nous efforcerons, pendant les mois où nous pourrons exercer quelque action, de développer, puisque c'est la mission impérative qui nous est donnée, les liens déjà existants entre la vie économique du pays et la vieille et glorieuse Académie.

Mes éminents prédécesseurs au fauteuil de la présidence ont exposé, dans leurs discours successifs, les plans d'action, les programmes d'activité de la Compagnie.

Ils l'ont si bien fait que j'aurais mauvaise grâce, après eux, à venir brosser la même esquisse. Aussi bien, comme je le disais tout à l'heure, nous laisserons, si vous y consentez, pendant un an, les choses marcher comme elles marchaient hier, suivant leur orientation primitive, nous efforçant, par contre, de jeter, sinon des ponts, du moins quelques passerelles, entre la citadelle, très belle et très haute, où se dresse notre Académie, et les manifestations scientifiques et industrielles régionales qui se déroulent autour de ses fossés d'enceinte.

Je pressens déjà une objection : les Sociétés scientifiques et industrielles sont nombreuses dans la région de Grenoble, dans notre ville même. Peu à peu, elles se spécialisent, groupant les unes des membres que préoccupent plus particulièrement les sciences naturelles, les autres des ingénieurs, des juristes, des fonctionnaires de l'Etat, que les questions de houille blanche, de reboisement, de glaciologie, rendent particulièrement attentifs.

En empruntant la nouvelle route, ou tout au moins la petite avenue latérale où je demande à l'Académie de bien vouloir s'engager avec moi, il n'est nullement question de doubler les groupements existants, mais bien, au contraire, d'essayer d'extraire de leurs programmes respectifs la « substantifique moëlle », en quelque sorte, de ceux-ci et de proposer comme but d'études accessoires à nos collègues maintes questions qui y sont liées, et qui ne pourraient être traitées ailleurs, sous l'angle de désintéressement et de haute culture qui doit être et rester le nôtre.

On est généralement si peu averti, dans certains milieux, de l'intérêt, j'oserais dire angoissant, de diverses questions d'une haute portée sociale, on est si prisonnier, dans certains autres, des préjugés et des idées de partis, qu'il semble que ce ne soit guère qu'à une Compagnie comme la nôtre, dominant ces mêmes problèmes et les survolant de tout son désintéressement, qu'il appartienne d'entreprendre de telles études et approfondir de telles questions.

Un exemple entre beaucoup : le problème de la culture du technicien. Depuis quelque vingt-cinq ans que nous nous sommes préoccupé, et par force, de cette question, nous l'avons vue évoluer dans des conditions si surprenantes, qu'il ne sera pas inutile d'en dire quelques mots ici, ne serait-ce qu'en matière d'introduction à de futures études qui pourront peut-être vous être présentées. Heureux sont les pays dans lesquels un Ministère d'Education nationale effectif concentre entre ses mains tous les services et où il n'y a, par suite, aucun conflit réellement grave entre ce qu'on peut appeler, d'une manière générale, les organisations d'enseignement technique et professionnel et les organisations de culture générale. Ce n'est pas, malheureusement, le cas en France, comme on le sait et comme on pourra le déplorer. L'opinion publique, mal avertie, se laisse ballotter entre des affirmations successives et contradictoires. Les ingénieurs et industriels en fonction, eux-mêmes anciens élèves d'Ecoles déterminées, n'ont pas su se dépouiller généralement assez de leur esprit d'école (j'allais dire de chapelle.....), pour étudier le problème sous sa forme générale. D'un côté, l'on entend proclamer que le plus modeste technicien (j'allais dire presque le manœuvre) doit avoir une culture générale fort développée, qui lui permette de savourer sa vie ! Evidemment, ce n'est pas pour lui un mal, mais si l'on tient compte de ce fait que le nombre de ses années d'études a toujours été très faible, que ses facultés d'acquisition et de compréhension sont généralement restreintes, et qu'il ne peut emmagasiner qu'un nombre limité de notions, c'est un service immense à lui rendre que de lui conférer d'abord les connaissances indispensables pour lui permettre de gagner sa vie, le reste venant en surcroît..... Cela s'est dit en latin et c'est toujours vrai.....

Même remarque en ce qui concerne le technicien supérieur ou moyen, le contremaître, l'ingénieur. Certes, ancien élève nous-même de l'Enseignement secondaire, nous avons apprécié à leur rare valeur toutes les joies qu'apporte, avec elle, une bonne culture. Nous avons étouffé aussi de l'angoisse qu'apporte avec lui le vain désir d'embrasser avec nos faibles moyens d'homme l'infini de la connaissance, comme d'acquérir la connaissance de l'infini... Mais nous avons souffert, plus que nous ne saurions le dire, dans les débuts de notre carrière industrielle, de l'insuffisance de nos connaissances techniques comparées à l'hypertrophie, très relative, de notre culture générale. Nous avons ainsi été très malheureux, et doublement, parce que nous étions inférieur à certains de nos camarades débutants, beaucoup mieux préparés à la tâche commune, et que nous avions, très net et très vif, le sentiment cuisant, et de notre infériorité professionnelle ,et de notre supériorité de pensée. Dans les affirmations que nous apportent les apôtres de l'Enseignement secondaire, distribué à toutes forces et à tous les enfants, un peu comme on leur distribue le fouet, on remarque l'argument ingénieux et classique que si la culture secondaire ne fait pas de bien, elle ne fait pas de mal. Evidemment, mais lorsqu'on dispose d'un nombre d'années limité pour former des élèves de catégories déterminées, on se doit de ne leur donner que les connaissances au moins indispensables à la réussite dans leur future carrière, ainsi que nous l'avons dit plus haut. Un exemple personnel encore, dont nous nous excusons, mais sous l'angle probatoire, ce sont les meilleurs, car ils sont vécus. Dans l'excellent collège de province où nous avons commencé nos études, les poursuivant jusqu'à nos deux baccalauréats, en Sixième... nous étions trente... ou presque... bons et insouciants camarades, pour la plupart fils d'agriculteurs ou de petits employés, de modestes bourgeois. Peu à peu les désertions se firent : vingt élèves en Quatrième, quinze en Seconde, beaucoup moins en Rhétorique, et deux en Philosophie. De temps en temps, l'un des pères modestes jugeait son fils suffisamment instruit et le rappelait vers lui, à la ferme ou au bureau. Grâce à l'ingénieux système de programmes qui sévissait alors, l'élève quittant le collège à la fin de la Troisième, avait approfondi, si j'ose dire, l'histoire ancienne des peuples d'Orient. Il récitait, avec aisance, pourvu qu'il eût quelque mémoire, l'interminable inscription du trône de Roustan, mais il n'avait pas encore ouvert l'histoire de France. En matière de géographie, il avait exploré les quatre continents autres que l'Europe, et ne savait de sa patrie que ce qui se disait entre camarades ou à la table familiale le soir. On nous accordera que c'était là une conception bien originale de l'intérêt des élèves. Concluons : l'enseignement secondaire est excellent, à condition d'être amené à son terme, et d'être aussi donné seulement à des élites relatives. Je sais bien que la question matérielle intervient, que des établissements scolaires un peu anémiques doivent continuer à vivre... La politique de la chèvre et du chou est toujours en faveur. Mais, rien de bon à espérer tant que l'on ne réformera pas avec la volonté d'aboutir, et non du bout des lèvres ou du bec de la plume.

Car, chez nous, le mal est là : défaut d'esprit collectif. A côté de brillantes qualités, et, en particulier, de son précieux sens latin de la mesure, le défaut capital du Français, c'est le goût inné de l'individualisme et un penchant quelque peu pervers (car c'est plus que du dilettantisme) pour l'inorganisation. Suivant les échelons, cette inorganisation, ou plutôt cette anarchie, affecte la forme athénienne ou la forme bolchevique, avec de multiples aspects intermédiaires. Elle n'en est pas moins navrante, car elle entraîne souvent la stérilisation, ou presque, des ressources d'intelligence, d'activité et de dévouement, que l'on met si facilement à jour dans toutes les couches sociales françaises, dès qu'on veut bien s'efforcer de les découvrir, en grattant le vernis de scepticisme un peu irritant qui les revêt. A nous, qui, depuis bientôt trente ans, avons vu travailler sous notre direction des étudiants de multiples races et de multiples formations préalables, il nous sera peut-être permis de dire que, de beaucoup, la palme doit être remise aux jeunes Français, lorsque ceux-ci font preuve du sérieux nécessaire et consentent à ne pas vouloir précipiter à l'excès des études aussi délicates que celles qui sont les nôtres.

Il n'est pas exagéré de prétendre qu'un Français, normalement évolué, de 20 à 22 ans, vaut largement un étudiant à formation germanique ou slave, de 24 à 27. Sans doute aussi le dosage des diverses connaissances, dosage particulièrement bien réalisé en France, et encore les mérites de notre corps enseignant, sont-ils pour beaucoup dans ce résultat... Un fait domine sans conteste : c'est la précellence du cerveau français. Un deuxième, malheureusement aussi, c'est notre insouciance de la règle.

Faut-il jeter le manche après la cognée ?... Après bientôt trente ans d'effort en matière d'enseignement technique supérieur universitaire, nous faut-il proclamer, comme le font déjà certains de nos collègues plus prompts à désespérer, qu'il n'y a rien de définitif et de stable à escompter dans ce domaine, sous le régime des règlements en vigueur ?

Dans une des plus belles pages de son *Quatre-Vingt-Treize*, Victor Hugo nous montre Lantenac, marquis en France, mais prince en Bretagne, assistant, impassible, à la déroute de ses milliers de Vendéens que pourchasse une habile manœuvre de la poignée d'hommes de son neveu Gauvain. Enclouant ses canons, il murmure, songeur, en battant en retraite, le dernier : « Les paysans ne tiennent pas, il faut les Anglais ».

Devons-nous adapter cette conclusion de désespérance à la situation actuelle, et même, sous un angle plus largement national, souhaiter l'entrée en maîtres, dans nos organisations un peu molles, d'éléments directeurs nouveaux aux volontés fortes ?... Je n'ose le dire ici.

Quoi qu'il en soit, nous restons attaché à notre tâche, si décevante qu'elle soit parfois, tant l'œuvre quotidienne s'illumine du prestigieux souvenir des efforts anciens et des victoires passées. Un maître incontesté, en matière de pessimisme actif, Le Taciturne, l'a dit : « Il n'est pas nécessaire d'espérer pour entreprendre, ni de réussir pour persévérer ».

Je ne voudrais pas vous laisser sur une impression trop pessimiste. Si quelques poussées de découragement survenaient, ne me suffirait-il pas de regarder autour de moi parmi tous nos collègues, et, notamment, parmi les membres du Bureau, pour y puiser un nouveau courage et un ardent désir de bien faire ?... Que notre Président sortant, dont la science n'a d'égale que la modestie et la bonté, que notre si dévoué Secrétaire Perpétuel, l'âme de notre Compagnie, que son Bibliothécaire, en même temps notre vieil ami, que son infatigable Trésorier, enfin, dont les vies sont toutes de droiture et d'activité, m'excusent de ces défaillances passagères.

Tel un soldat craintif, mais bien encadré, encadré comme il l'est par eux, votre Président trouvera dans leur concours précieux et leurs savants conseils, les lumières et les forces nécessaires pour accomplir sa mission. C'est donc par un hommage profond de gratitude envers ses collègues pour l'avoir choisi, qu'il terminerait cette traditionnelle allocution, s'il ne lui restait à accomplir le douloureux et traditionnel devoir de commémorer, dans cette séance d'investiture, nos collègues disparus au cours du dernier exercice.

Cette année encore a été une année lourde de deuils, puisque nous avons eu à enregistrer la disparition de M. le doyen Balleydier, membre titulaire, de MM. de Saint-Ferriol, de Leusse de Syon, de Terrebasse et du chanoine Ducrot, membres associés.

Il me sera permis de rendre un hommage tout particulier de gratitude émue et très déférente à la mémoire de M. le doyen Balleydier, qui fût l'honneur de notre Compagnie.

Il fut, en particulier, l'un de nos guides bienveillants lors de notre arrivée à Grenoble et, jusqu'à ses derniers jours, ses conseils, en mainte affaire délicate, nous furent précieux.

M. le doyen Balleydier, de vieille famille savoyarde, débuta à Grenoble, le 1er novembre 1881, comme agrégé. Il fut chargé, d'abord, du Cours de Procédure civile, puis l'étendue et l'importance de ses fonctions à la Faculté de Droit ne cessèrent de s'accroître et sa personnalité de s'imposer. Je ne puis ici retracer les étapes de cette brillante carrière. Je rappellerai simplement qu'il fut nommé professeur de Droit civil, sur sa demande, par décret du

2 août 1893, puis élu par ses collègues Doyen de la Faculté de Droit en 1914, réélu en 1919 et en 1922. Ce n'est pas non plus ici le lieu d'énumérer des travaux juridiques qui font loi en la matière et qui ont été cités avec faveur par tous ses collègues juristes. Citons cependant de nombreuses notes dans des Recueils de jurisprudence, divers articles sur *l'assurance sur la vie*, sur le *droit de riveraineté*, enfin une longue et nourrie histoire de la Faculté de Droit de Grenoble.

D'une délicatesse exquise, frisant la timidité, notre éminent Doyen était ennemi des honneurs ; toute démarche personnelle lui coûtait énormément, alors qu'il se dépensait sans compter pour ses collègues et pour ses amis. C'est à cette retraite volontaire qu'il faut attribuer une nomination de Chevalier de la Légion d'honneur remontant seulement à janvier 1921. Au moins, c'était là un acte de justice tardive, auquel ont applaudi tous ses amis et tous ses anciens élèves. La mémoire de M. le doyen Balleydier restera vivante parmi nous.

M. le chanoine Ducrot, membre associé, était aussi une âme d'élite. Fils d'un instituteur de la région, appartenant à une nombreuse famille, dont les convictions ardentes l'incitaient, ainsi que plusieurs de ses frères et sœurs, à faire de sa vie un apostolat et une mission de dévouement, M. le chanoine Ducrot a laissé aussi, parmi la population grenobloise et tous ceux qu'avec une discrétion extrême il savait soulager, le souvenir d'un grand homme de bien, et sa place restera de longtemps vide, au moins dans nos cœurs.

Le comte Gabriel de Saint-Ferriol fut aussi un bon serviteur du pays. Ancien élève de Saint-Cyr, officier de chasseurs à pied pendant la guerre de 1870, où il accomplit de brillants services, il démissionna de l'armée en 1894 et ne quitta plus notre région. Il a apporté à l'étude de notre histoire dauphinoise une passion ardente et s'est classé parmi l'un des bienfaiteurs les plus éminents de notre Musée, dont les collections d'égyptologie ont été largement enrichies par ses dons. Il sut, enfin, porter avec aisance et dignité le grand nom de son père, le comte Louis de Saint-Ferriol, dont la haute et fière figure a dominé les travaux de notre Académie.

Le baron de Leusse de Syon fut de même l'un de ceux qui apportèrent à notre Compagnie l'appoint de travaux importants. De sa résidence des Côtes-d'Arey, il nous envoya fréquemment d'intéressants travaux, qui marquèrent chacun une date dans nos annales.

Enfin, la disparition de M. de Terrebasse, collègue dont nous évoquons respectueusement la mémoire, a privé l'Académie d'un de ses doyens, aussi affable de relations que de science sûre et d'érudition certaine.

En 1870, Humbert de Terrebasse, chef de Cabinet du Préfet de l'Isère, lui aussi part comme volontaire. Il est élu capitaine de mobiles et blessé. A peine de retour dans sa petite patrie, il se livre à des études fort appréciées, notamment sur le XVIe siècle dauphinois. Signalons une Notice sur les *seigneuries d'Anjou et de Terrebasse* et une Biographie *des imprimeurs lyonnais au* XVIe *siècle* et encore, parmi des études collectives de généalogie, la publication de la correspondance des sieurs de Dizimieu, l'histoire et la généalogie de la famille de Maugiron, en Viennois. Ami des livres, il possédait une magnifique bibliothèque, par lui tenue avec une extrême affabilité à la disposition de ses nombreux amis.

Tous ces collègues nous ont quittés, leur tâche sur cette terre accomplie, suivant la noble et sereine expression latine : *defuncti*.

Messieurs et chers Collègues, j'ai fini et m'excuse, cette fois encore, d'avoir dépassé les crédits de temps et d'attention que j'avais sollicités de votre bienveillance au début de cette allocution. Au risque de me répéter, je vous dirai aujourd'hui encore ce que je vous disais, il y a quatre ans, lorsque vous m'avez fait l'honneur de m'appeler parmi vous. Je m'y suis senti tout de suite en famille et quand on est en famille, on parle très longtemps, trop longtemps, de sujets très chers, avec ceux que l'on aime bien.

DU ROLE

ET DE

LA FORMATION DES ÉLITES

devant la complexité de l'Industrie moderne

PAR

M. BARBILLION

Président de l'Académie Delphinale

Séance du 13 avril 1928

1° Esquisse de ce que constitue une entreprise industrielle moderne.

Nous excusant de traiter ici une matière de nature un peu étrangère aux habituelles préoccupations de l'Académie, conformément du reste à ce que nous avions laissé pressentir à nos collègues, lorsqu'ils ont bien voulu nous appeler à prendre la présidence, il y a quelques semaines, nous entrerons, sans autres préambules, dans le vif du sujet.

Généralités. — L'organisation industrielle est une science à l'ordre du jour. Elle soulève des questions qui préoccupent actuellement tous les bons esprits. D'après certains, un remaniement complet de nos méthodes s'impose pour conjurer la crise de sous-production que traverse encore notre industrie nationale. Malheureusement, faire table rase du passé, édifier de grandes usines à l'allemande, sinon à l'américaine, là où nous n'avons que de petits établissements, suppose un énorme mouvement de capitaux, et l'exemple de la mégalomanie d'outre-Rhin, qui nous a menés à la guerre, n'est peut-être pas tout à fait de nature à nous convaincre. La principale qualité des Français, à côté de beaucoup de défauts, est le sens de la mesure. Il semble que ce sens doive s'exercer plus que jamais dans l'œuvre de notre réorganisation industrielle.

On nous parle beaucoup des procédés américains, de l'utilisation des compétences et de la réduction, au minimum, des efforts de chacun, quitte à faire sombrer ce chacun dans l'automatisme et le machinisme. Nous nous expliquerons là-dessus. Qu'il nous suffise d'abord de constater que, dans le domaine de l'organisation industrielle, comme dans beaucoup d'autres, il a fallu que la vérité sortît de France et s'en allât de l'autre côté de l'Atlantique pour nous en revenir avec éclat et s'imposer à l'attention de tous.

Qu'on nous excuse de ne pas insister davantage sur ces préliminaires.

L'Industrie. — Commençons, suivant le système dit de La Palice, par définir exactement ce dont nous voulons nous occuper.

Qu'est-ce que l'Industrie ?...

C'est l'utilisation, par le travail, des découvertes des sciences en vue d'améliorer constamment nos conditions d'existence.

Des exemples simples de cette utilisation frappent nos yeux : les chemins de fer, les bateaux qui permettent des communications rapides et faciles et qui suppriment les disettes — nous parlons, bien entendu, de l'avant-guerre.

Du même genre sont les facteurs suivants, créateurs de bien-être : télégraphe, téléphone, hygiène des villes et des habitations, tissage, filature, vêtements à bon marché — nous parlons toujours de l'avant-guerre, — industries frigorifiques, conservation des denrées alimentaires et de la viande, métallurgie, etc...

La moderne trinité : Capital, Intelligence, Travail. — Trois éléments sont indispensables pour la réalisation d'une entreprise industrielle : le capital nourricier, l'intelligence directrice, et le travail réalisateur.

Si certaines entreprises périclitent, c'est que l'un de ces trois éléments y fait défaut ou se développe à l'excès au détriment des autres.

Le capital permet l'organisation du travail par l'entremise de l'intelligence.

Mais le capital a besoin d'être rémunéré, d'où la définition pratique et brutale de l'industrie, adoptée par certains : « réaliser des bénéfices, gagner de l'argent ».

Ce n'est pas là cependant le seul but de l'industriel-créateur vraiment digne de ce nom. Etendre les affaires, faire prospérer la raison sociale, accroître sa réputation et aussi, grand ferment d'émotion inséparable de l'industrie, risquer, être hardi, sont des mobiles d'action qui ne sont pas nécessairement subordonnés à la recherche du gain. Cependant, la réalité est là : il faut gagner de l'argent. Or, il y a deux moyens, toujours suivant le système dit de La Palice, de gagner de l'argent : augmenter le prix de vente et diminuer le prix de revient.

Mais l'expérience démontre que cette indétermination n'est qu'apparente et que la deuxième solution est la seule bonne. N'érigeons pas en dogmes les errements des industries de guerre.

Le prix de revient. — Ses facteurs déterminants. — Les salaires. — De nombreux facteurs influent sur le prix de revient d'une fabrication : la main-d'œuvre, les frais généraux, l'approvisionnement plus ou moins facile en matières et les cours de ces matières, pour ne citer que les principaux.

Il y a impossibilité évidente, et c'est, du reste, fort heureux au point de vue humain, de réduire les salaires au-dessous d'un taux fixé. Mais il existe toujours des moyens d'augmenter la production et d'accélérer son rendement suivant un rythme plus rapide que la progression des salaires, cela sans cesser d'améliorer les conditions de travail de l'ouvrier à l'usine. Vous voyez poindre à l'horizon le système Taylor. Un peu de patience, nous allons y arriver.

Il y a plusieurs modes de fixation des salaires : 1° à l'heure, 2° à la participation aux bénéfices [1], 3° aux pièces, 4° à la prime. Tous ces systèmes ont des inconvénients et il est très délicat de chercher à y parer ; aucune amélioration ne saurait être admise sans mesures préliminaires convenables. Les échecs retentissants du système Taylor en France n'ont pas d'autre cause. Il y a danger, dans une usine, à arrêter un volant en marche. Il n'y en a pas moins à modifier brusquement une organisation sociale avant que les intéressés aient subi l'entraînement moral nécessaire.

La connaissance profonde de la psychologie de l'ouvrier est un facteur important de succès en pareille matière. Cette psychologie est complexe. A côté d'une bonne

[1] Mais non aux pertes naturellement : les inconvénients de cette notion si simple du risque unilatéral ont paru échapper à un trop grand nombre de défenseurs des droits ouvriers.

volonté évidente, du désir de travailler à pleins bras en collaboration avec des patrons qui savent se faire aimer, il y a aussi une force d'inertie très grande dans chaque individu. Il y a encore l'opinion du camarade. Souvent, d'intéressants systèmes de paiement ont échoué, faute de sentiments altruistes et d'amour de la collectivité. Qu'on ne se méprenne pas sur la puissance d'organisation des Syndicats. Elle s'exerce dans certains moments de crise, mais ce dont souffre surtout la masse ouvrière, on doit le reconnaître en toute franchise, c'est du particularisme et de l'absence d'idées générales, en matière d'organisation sociale.

Influence des frais généraux sur le prix de revient. — C'est une science que de savoir calculer ses frais généraux en fonction du prix de la main-d'œuvre. Bien des entreprises, et des plus vastes, ne savent pas faire cette analyse.

De quoi doivent se composer les frais généraux ?...

1° Des frais accessoires de fabrication (bureau de fabrication, maîtrise, atelier central, etc...) ;

2° Des frais d'ateliers (chiffons, lubrifiants, combustibles de forge, etc...) ;

3° Des frais d'usines (force motrice, etc...) ;

4° Des frais d'établissement (personnel de direction, personnel des bureaux, comptables, voitures, service de garde) ;

5° De l'amortissement du capital engagé ;

6° Des intérêts, assurances, etc...

Il faut à tout prix compenser ces frais par l'essor de la production. Une usine qui a 80 p. 100 de frais généraux peut faire plus de bénéfices qu'une usine qui n'en a que 40 p. 100, si elle produit trois fois plus, grâce à des machines plus perfectionnées.

Il y a nécessité d'achat de machines chères, si celles-ci produisent plus et si l'intensité de production est à chercher.

Comment forcer la production ?... Nécessité d'une organisation rationnelle des usines. — Examinons tout d'abord les moyens d'augmenter la production plus rapidement que n'augmentent les frais généraux.

Ces moyens résident dans une organisation technique judicieuse de l'usine et des divers ateliers, ainsi que dans une organisation administrative raisonnée.

Nous ne voulons pas dire, après tant d'autres, ce

qu'était la « vieille usine ». Même dans notre Dauphiné si industriel, elle se compte encore par centaines d'exemplaires. Parlerons-nous seulement des moteurs hydrauliques ?... Que de vieilles roues de pêche, souvenirs de famille, herbeuses et moussues, tournant tant bien que mal et rendant quelques pour-cent à peine de la puissance prévue ! Leur propriétaire s'enorgueillit de voir compter sur le rôle de ses impôts la centaine de chevaux nominale pour laquelle la roue lui fut vendue. Le pauvre ! Dieu nous garde de détruire ses illusions : peut-être sont-elles, au point de vue du bonheur, d'un meilleur rendement que la connaissance des résultats de l'essai qu'il pourrait faire effectuer sur son installation.

Voyons, sans nous attarder davantage, comment il convient de comprendre l'organisation d'ensemble de l'usine. Un premier principe domine tous les autres : les matières premières doivent entrer d'un côté, les produits fabriqués sortir à l'extrémité opposée, exception faite et bien curieuse, de certaines usines fabriquant électriquement des produits azotés. Il n'y entre rien, les parties constituantes de l'air atmosphérique jouant le rôle de matières premières, et il en sort cependant quelque chose.

Il y a avantage à situer l'usine à proximité d'une voie fluviale ou d'une voie ferrée, des deux si possible, et à la raccorder au réseau par un embranchement particulier.

Si elle est éloignée d'agglomérations importantes, il y aura lieu, pour rassembler la main-d'œuvre, de créer des moyens de transport à bon marché pour le personnel. Notons, en passant, combien faible à ce point de vue est le rendement des tramways.

D'un plus grand intérêt encore est l'organisation d'œuvres sociales à proximité de l'usine, cités ouvrières, cantines, magasins coopératifs, crèches, garderies d'enfants, écoles, etc... C'est là un moyen de rendre aussi agréable que possible le séjour de la population ouvrière et, par suite, d'intensifier la production. Certain grand arsenal d'Etat, dont les infortunes ont jadis défrayé la presse, ne produisait pas grand'chose, mais il était entouré d'œuvres sociales de premier ordre.

Deuxième principe : séparer les fabrications. Les ateliers devront être juxtaposés, susceptibles d'agrandissements, et leurs capacités respectives seront au moins suffisantes pour la production envisagée. Ils se suivront dans l'ordre logique des opérations : réception des matières premières, forges, fonderies, usinages dégrossisseurs par traitements thermiques, finissage, contrôle, magasins des objets terminés, hall d'expéditions.

De première importance est aussi le raccordement logique des tronçons de voies ferrées avec les appareils de manutention des ateliers. Bien comprise, la manutention mécanique représente enfin un incomparable élément de réussite. On combinera au mieux la voie normale, celle de 0 m. 60, les locomotives électriques, les camionnettes, les ponts roulants, les transports, les monorails, les câbles, les transports aériens, les élévateurs, les monte-charges, etc...

Production de la force motrice. — La production de la force motrice constitue également, par l'économie ou l'augmentation de dépenses qu'elle introduit, un des facteurs essentiels de succès de l'entreprise industrielle.

La force motrice peut être achetée à une Société de distribution d'énergie électrique suivant les modes actuellement usités : abonnement à forfait, pour un certain nombre de chevaux ou de kilowatts, tenus en permanence à la disposition de l'industriel, forfait pour un minimum garanti, avec paiement à des tarifs déterminés de l'énergie de dépassement, etc...

Dans bien des cas, le système de distribution d'énergie est trop lointain pour qu'on puisse songer à s'y greffer. Force est alors de produire l'énergie électrique à l'usine même. Cette génération est concentrée dans un local spécialement aménagé, variant en importance, suivant les cas, depuis l'installation du petit industriel, comprenant un moteur et son gazogène, jusqu'aux gigantesques stations centrales qui constituent le cœur et les poumons des grandes usines métallurgiques.

Si l'industriel produit l'énergie lui-même, un contrôle extrêmement rigoureux est indispensable. La réception, la conservation et la manutention des charbons, la classification d'après leur pouvoir calorifique, leur teneur en carbone, en matières volatiles, en cendres, sont des mesures qui s'imposent au premier chef.

Un autre point sur lequel doit porter toute l'attention est la disposition de la chaufferie par rapport à la salle des machines. Nombreuses ont été les erreurs commises autrefois à ce sujet, erreurs traduites par des développements exagérés de conduites et par tous les inconvénients qui s'ensuivent.

Il est d'une importance extrême d'attacher ses soins

aux appareils de contrôle de la chauffe, appareils réglementaires et appareils que l'expérience indique pour doubler les premiers. La condensation des eaux de machines, l'amenée de l'eau de condensation, la station de pompage, l'opération du filtrage des eaux, devront faire l'objet d'études appropriées. De même, l'épuration des eaux d'alimentation, le choix et l'installation des compteurs d'eau et des compteurs de vapeur.

L'hygiène des ateliers. — Point essentiel encore, bien qu'il ne faille pas attacher un respect exceptionnel à certaines assertions d'hygiénistes qui prédisent toutes les calamités aux patrons assez audacieux pour ne pas employers certains appareils particulièrement recommandés, sinon recommandables. Les différents systèmes de fermes et de toitures, l'emploi ou le rejet du béton armé devront faire l'objet d'études approfondies.

La distribution d'eau potable et d'eau industrielle, l'éclairage de jour et de nuit, le chauffage, la ventilation, l'aménagement des vestiaires, des lavabos, le système d'égout, constituent de même des facteurs importants d'hygiène. Travailler pour le bien-être de l'ouvrier, c'est aussi travailler à l'augmentation du rendement de celui-ci, très sensible aux meilleures conditions de vie qu'on lui offre.

L'organisation administrative. — Il est bien difficile, n'envisageant la question que sous son jour le plus général et sans étudier une industrie en détail, de donner des renseignements très circonstanciés sur cette organisation. Dans toute entreprise, on distingue cependant la direction générale, la sous-direction technique et la sous-direction administrative, celle-ci comprenant le service du personnel, de la comptabilité, de la caisse, des approvisionnements, l'organisation des bureaux, le classement de la correspondance, le service d'imprimerie, celui des machines à écrire et à calculer, le service de vente et la publicité.

La sous-direction technique comprend généralement le bureau d'études, le bureau de fabrication et le bureau des salaires.

La composition de chacun de ces bureaux est variable, mais un principe domine l'organisation : nécessité de la séparation de ces divers départements et nécessité parallèle, et non contradictoire, de maintenir entre eux une liaison permanente.

De la sous-direction technique relèvent les mesures à prendre en matière de travaux neufs et de nouveaux modèles. Peut-être n'est-il pas inutile de dire qu'il convient de limiter le rôle de l'inventeur à son invention, bien que l'inventeur ne soit pas nécessairement un fléau, comme le prétendent certains jaloux. Qu'il fasse un croquis mais non un dessin, et, une fois sa création adoptée, qu'il ne pénètre plus au bureau de fabrication. On lui soumettra, s'il y a lieu, les modifications que son ouvrage devra subir pour faciliter le travail d'usine.

Souvent, les pièces d'un appareil présenté pour la première fois sont, en raison de leur nature spéciale, d'une exécution longue et dispendieuse et, souvent aussi, elles peuvent être remplacées par des pièces banales d'une exécution courante. D'une manière générale, il ne faut jamais oublier qu'un appareil, excellent en soi, mais trop coûteux à réaliser, constitue une cause immédiate de ruine.

Rôle de la maîtrise. — Le rôle de la maîtrise est des plus important en ce qui concerne l'organisation industrielle. Dans les ateliers anciens et, en particulier, dans les ateliers militaires, ce rôle a été généralement mal compris. Les *maîtres* y étaient transformés en bureaucrates, alors qu'ils auraient dû agir en techniciens. Le système Taylor, au contraire, réserve au maître, autrement dit au contremaître, un rôle capital. L'état-major des usines, aménagées suivant ses principes, comporte un cadre très solide de contremaîtres préposés à la surveillance, au contrôle des temps, au calcul des prix de revient, etc... Par contre, la main-d'œuvre proprement dite est quelque peu diminuée, en tant qu'organe pensant et responsable, le système tendant à transformer cette armée ouvrière en une troupe de manœuvres bien dressés, bien obéissants, sinon très intelligents.

Un système mixte concilie, dans des mesures variables, ces tendances diverses. Les solutions qui en résultent diffèrent suivant les usines. Nous ne saurions nous y arrêter. Quoi qu'il en soit, il est toujours bon de connaître la psychologie du contremaître et de ne pas méconnaître l'importance de son rôle. Ajoutons cependant que personne ne doit être indispensable et que personne, non plus, n'est universel, et concluons, qu'il est nécessaire de spécialiser chaque individu.

Organisation du bureau d'études et du bureau de dessin. — Le problème est assez complexe. Sans l'aborder ici, attirons l'attention sur les avantages présentés par le bon choix de l'outillage du dessinateur, par l'emploi judicieux d'un système de classification et de conservation des plans et des dessins, par l'éclairage du bureau, etc...

Le laboratoire et la bibliothèque. — Suivant le mode de fabrication, les essais mécaniques et physiques à effectuer au laboratoire sont nécessairement différents. Les machines et appareils appropriés sont, en conséquence, fort variables. En tous cas, la micrographie des métaux et alliages est à l'ordre du jour. Disons enfin qu'une bibliothèque bien documentée est, avec raison, considérée aujourd'hui comme la clef de voûte de toute industrie qui se respecte.

2° Ouvriers, praticiens, techniciens et ingénieurs.

Les exemples américains. — Voilà donc définie, plutôt mal que bien, l'industrie, ou, pour le technicien, le scénario de son activité. Reste à examiner deux points : d'abord les mentalités actuelles et désirables des divers acteurs de la pièce, et ensuite les modes de formation et de réaction scientifique de ceux-ci.

L'organisation rationnelle à laquelle nous faisions allusion plus haut, nous est revenue, toute fraîche et toute brillante d'Amérique, alors qu'il est facile de démontrer qu'elle a pris naissance, au moins en tant qu'idée génératrice, dans la vieille Europe, et particulièrement en France. La spécialisation, poussée à l'extrême, constitue la base de fonctionnement du système. Je n'en rappellerai pas les principes : l'étude systématique de la décomposition des mouvements de l'ouvrier attaché à une tâche déterminée, sa rééducation pour lui permettre de produire davantage dans un temps égal, et aussi ce résultat fort intéressant qu'on l'intéresse aux bénéfices, le patron n'étant plus seul à en profiter.

Qui dit industrie américaine, dit Pactole, Eden, pacification sociale par le travail abondant et librement consenti, etc... A ce propos, il ne sera pas sans intérêt de détruire ici, comme elle l'a déjà été par d'autres ailleurs, une légende, évidemment très belle, mais totalement inexacte. C'est celle des industriels américains désireux d'accroître très largement les salaires de leur personnel, de manière à lui permettre d'acquérir, par cela même, une capacité d'achat et un pouvoir de consommation beaucoup plus grands. Ainsi, le cycle se fermerait au meilleur profit de tous. Beaucoup mieux payés, les ouvriers consommeraient davantage. Les gros salaires américains sont un fait indéniable, au moins pour certaines spécialités, mais ils sont inexistants pour d'autres. Le motif en est, unique, dans ce fait que la main-d'œuvre américaine est, en certaines branches, extrêmement déficitaire. L'immigration aux Etats-Unis est pratiquement réduite à zéro par rapport à ce qu'elle était avant la guerre. Certaines industries spécialisées, comme les travaux publics, la peinture en bâtiments, etc... distribuent des salaires hebdomadaires qui oscillent de 750 fr. à 2.500 francs, suivant les états et suivant les spécialités. On comprend, par conséquent, qu'un maçon gagnant 70.000 fr. par an soit un excellent consommateur. Par contre, d'autres ouvriers, même très qualifiés, sont beaucoup moins payés, pour eux la concurrence étant beaucoup plus vive. Les ouvriers du fer et de l'acier, les cheminots, les filateurs de coton, gagnent des sommes relativement insuffisantes pour assurer l'existence d'un ménage avec trois enfants. Il y a, en outre, aux Etats-Unis, un nombreux prolétariat qui est absolument misérable. Tels sont les demi-serfs des royaumes de la machine agricole, de l'automobile, du fer et de l'acier, de la construction électrique, de la machine-outil, de la quincaillerie, de la cotonnade, de la bonneterie, de la soie, de la laine, des chemins de fer, etc... Les rapports de nombreux délégués, missionnaires, industriels et commerçants, ou de simples curieux, qui sont allés visiter l'Amérique, souvent très vite, sont fort sujets à caution. De beaucoup plus de poids sont les publications du Bureau International du Travail, qui nous montrent la situation sous son vrai jour.

Enfin, c'est à cette insuffisance de la main-d'œuvre. que certains évaluent à 5 millions de travailleurs de tous ordres, qu'il faut attribuer ce fait que les lock-out et les licenciements en masse les plus formidables n'éveillent pas, en Amérique, les conflits patronaux et ouvriers qui ne manqueraient pas, devant les mêmes causes, de surgir en Europe. Qu'on songe à ce fait que Ford, l'inventeur probable du haut salaire, a fermé ses usines pendant plus de six mois, congédiant des milliers de travailleurs, qui ont été aspirés facilement par d'autres industries.

Les mêmes documents publiés par le B. I. T. ne sont

guère plus rassurants en ce qui concerne le personnel supérieur. On y constate que les salaires des ingénieurs de toutes robes ont augmenté évidemment depuis la guerre, mais dans des proportions beaucoup moindres que ceux des professions manuelles. Oserions-nous dire (et c'est une incidente dont nous nous excusons) que de nombreux membres de l'enseignement supérieur américain, au moins ceux qui ne sont pas des professeurs de premier plan et qui appartiennent aux Universités nouvelles, un peu matérialistes, de l'Ouest, gagnent moins que les garçons du Restaurant universitaire qui alimente leurs étudiants ?...

C'est donc, enveloppée d'une auréole de brillantes qualités, d'une activité hors de pair et de travail intensif, une atmosphère de déséquilibre que l'atmosphère américaine, et nous croyons que la plus grande prudence s'impose en matière de copie brutale d'exemples que l'on nous apporte aujourd'hui si complaisamment.

Nos ressources de main-d'œuvre. — Du reste, un mouvement sensible prend actuellement naissance, en Amérique même, contre cette systématisation du travail et la diminution intellectuelle et morale qui en résulte. L'homme n'a que trop tendance à tourner en cercle, et très rares sont ceux de nos contemporains à qui un travail discontinu et changeant offre plus d'attraits que l'exercice implacablement monotone de fonctions déterminées. Il n'y a, du reste, pas à se dissimuler que dans les grandes entreprises américaines, tous les ouvriers sont à peu près égaux à leur tâche, et nullement supérieurs à celle-ci, ce qui n'est pas vrai pour la vieille Europe où le système Taylor, en dépit d'affirmations intéressées, est loin d'avoir réussi. Chez nous, la succion énorme exercée par l'industrie sur la main-d'œuvre agricole a rempli les usines de tâcherons tout juste capables d'accomplir des gestes successifs dans un ordre déterminé, et qui, s'ils étaient restés aux champs, ne seraient guère demeurés que pasteurs de troupeaux ou gardeuses de dindons... Ce n'est pas là une élite ouvrière. Celle-ci existe indubitablement, mais, en raison du développement énorme de la main-d'œuvre, elle a glissé forcément vers les emplois réclamant des qualités intellectuelles réelles : contremaîtres, comptables, outilleurs, magasiniers, etc... Il est permis d'affirmer, au moins en France, que nul de ces employés et de ceux capables d'exercer de telles fonctions, ne végète, car la semence des vrais collaborateurs est rare, et on se les arrache plutôt qu'on ne les opprime.

La question du personnel supérieur. — Reste donc à examiner la question du personnel supérieur. Là encore, une foule de légendes en faveur hier, sont à la veille de s'évanouir, telles de gracieuses bulles de savon irisées, qui ne résistent pas à une piqûre d'épingle. La spécialisation intensive nous est venue d'Amérique ; elle a sévi également en Allemagne, dans les pays de l'Europe centrale, et y était synonyme de production massive, c'est-à-dire de cellules assignées à chaque caste de travailleurs, où celui-ci demeurait prisonnier. Du reste, la spécialisation n'a jamais été si grande en Allemagne qu'on veut bien le dire, car les études techniques y étaient et y sont encore longues. Des stages industriels portant sur des ensembles de connaissances pratiques très différentes des matières enseignées dans les cours d'Universités et d'Ecoles, ouvraient l'intelligence, un peu lente peut-être, mais solide, de l'élève-ingénieur germain avant sa spécialisation définitive.

Nous avons, nous, été trop dupes de cette spécialisation excessive, reconnue trop tôt comme désirable, de l'ingénieur industriel, alors que de vieilles écoles continuaient à défendre la cause nationale de la culture générale. En France, depuis vingt ans, beaucoup de bons esprits, effrayés du défaut de culture et de l'impuissance des praticiens à s'exprimer dans le français, sinon le plus élégant, du moins le moins obscur, ont préconisé le retour large aux humanités pour l'élève-ingénieur digne de ce nom. M. Guillain, président de la Chambre Syndicale des Forces Hydrauliques, mort il y a quelques années, avait, on s'en souvient, entamé une très vive campagne à ce sujet. Il a été suivi par beaucoup d'autres, et la cause est certainement gagnée dans notre pays, pays de bon sens, aux adaptations faciles, ce qui ne veut pas dire que le Français, comme certaine classe de l'ancien régime, sache tout sans avoir jamais rien appris.

La transformation des esprits en Amérique à ce sujet est véritablement curieuse. Après avoir préconisé des études scientifiques extrêmement sommaires comme préface à la spécialisation, nos amis d'outre-Atlantique sont aujourd'hui enthousiastes de la culture générale, reconnaissant que, dans leurs usines géantes, le rôle de l'élite devient de plus en plus difficile, car cette élite se recrute de plus en plus mal. Certes, certains laboratoires industriels ou scientifiques abritent des savants de premier ordre, entourés de brillants collaborateurs. Cependant, la mentalité générale est certainement très inférieure à celle de l'ingénieur français, et aussi de l'ingénieur allemand, à l'autre pôle européen. Cette industrie tient, néanmoins, en raison de l'extrême division du travail de recherches dans les laboratoires, et aussi grâce à l'existence de plusieurs directeurs de recherches de premier ordre. Là-bas, le laboratoire scientifique est très voisin du laboratoire industriel, et les Américains ne semblent pas avoir d'idées très précises sur la ventilation de ces deux sortes d'organismes, ventilation à l'ordre du jour chez nous.

Si sympathiques et si utiles que soient ces chercheurs de laboratoires, ce ne sont pas des chefs, ni des sous-chefs d'entreprises, car il leur manque cet ensemble de connaissances exécutives, cette faculté de survol en quelque sorte de la multiplicité des services d'une grande industrie, qui caractérisent le véritable administrateur, en fait ou en herbe. Notre tableau du début en est un sûr garant.

Du reste, les capacités respectives de production des industries américaines et européennes (parmi celles-ci les plus importantes, comme l'industrie allemande et certaines spécialités françaises) sont tellement différentes que toute comparaison entre leurs modes d'action est éminemment délicate. La formidable concentration de l'industrie en Amérique fait qu'elle est absolument maîtresse du marché, au moins lorsque les trusts constitués fonctionnent au doigt et à l'œil, et il ne résulte pas nettement de cette imposition forcée de la marchandise une tendance continue à l'amélioration technique.

Le rôle de l'ingénieur, dans ces conditions, est tout à fait différent de celui de l'ingénieur européen. Supposons que l'une des deux grandes Sociétés de constructions électromécaniques américaines, le « G. E. C° » ou la « Westinghouse », qui au fond ont les intérêts communs les plus étroits, désire lancer sur le marché un nouveau type de moteur de traction. Les ateliers ne se donnent même pas la peine de calculer soigneusement le nouveau modèle, comme nous le ferions en France. Ils « sortent » une première série de cent ou de deux cents moteurs d'un type déterminé, une deuxième de même force, mais dont les constantes varient légèrement par rapport à celles de la première, et ainsi de suite, de telle sorte que le type optimum se déduit de l'expérience, par la conservation de constantes définitives empruntées à chaque lot, et qui semblent les meilleures.

On ne voit pas une industrie française opérant ainsi. Chez nous, le soin avec lequel est établi un nouveau type est extrême, car on sait que les bénéfices sont justes et qu'un loup industriel suffirait à gêner une maison, cependant solide, pour un exercice ou deux, et tout chef d'études aussi insouciant ou aussi malheureux y jouerait sa tête.

Du reste, les matériels américains sont conçus pour des temps extrêmement brefs et les réparations sont inexistantes. Je n'en veux comme seul exemple que le peu de durée qu'ont eu en France les matériels automobiles et ferroviaires introduits avec eux par les Américains pendant la guerre et dont on cherche en vain aujourd'hui quelques spécimens sur nos routes ou sur nos voies ferrées.

Pendant la guerre, nos vieux R. A. T. des sections de transports automobiles, soignaient au contraire avec un dévouement jaloux, le matériel qui leur était confié, et passaient des nuits à le maintenir en état. Une expérience cruciale a été faite, lorsqu'au printemps de 1918 on a remis ce même matériel entre les mains des Américains. Les voitures n'ont pas tardé à jalonner les fossés des routes de la grande offensive.....

Quoi qu'il en soit, il se développe une croisade tout à fait curieuse en Amérique, à l'heure actuelle, en faveur de la culture générale, et même des humanités très poussées pour le technicien. On y imprime froidement que tout ingénieur-électricien, digne de ce nom, doit connaître imperturbablement le latin et passablement le grec... Nous n'irons peut-être pas jusque-là, en France, en tant qu'affirmation d'une condition désirable, mais non essentielle.

3° Ingénieurs d'administration et ingénieurs de réalisation.

Définition de l'ingénieur. — En réalité, il existe, en Amérique, comme en Europe, deux grandes familles d'ingénieurs, entre lesquelles, naturellement, peuvent être classées des catégories intermédiaires : les *ingénieurs-administrateurs ou d'exploitation*, en quelque sorte, parmi lesquels nous comprendrons bien volontiers, en dépit de faciles critiques, le Corps des ingénieurs de l'Etat recrutés dans une élite et dont la bienveillance vis-à-vis des industries privées est aujourd'hui traditionnelle, alors qu'elle ne l'était pas toujours autrefois, et les *ingénieurs de conception ou de réalisation*, qui doivent, dans un domaine déterminé, faire entièrement du nouveau, et, par conséquent, tirer de leur propre substance les éléments de cette réalisation même. Naturellement, un ingénieur de l'Etat peut être amené à construire un pont, à établir un nouveau type de navire, etc.. néanmoins, ce ne sont là que des exceptions, nous le répétons, et que nous demandons l'autorisation de pouvoir laisser de côté, au moins pour l'instant.

Dans les excellents cours de sciences appliquées de l'Ecole de Fontainebleau, et, notamment, ceux dûs à un pédagogue de génie que n'ont pas oublié ses très nombreux élèves, le capitaine Paloque, il était établi fort soigneusement une différence essentielle entre les deux grands problèmes suivants :

— Construire une machine donnée ;
— Etablir une machine donnée.

Il est bien certain que l'appréciation de la valeur de service d'une machine déterminée suppose, chez celui qui doit l'utiliser, des qualités assez différentes de celles du constructeur proprement dit. Evidemment, qui peut le plus, peut le moins. Si l'exploitant avait, en outre de ses qualités, celles du constructeur, il n'en irait que mieux. La complication de la vie moderne est malheureusement telle que les Pics de la Mirandole constituent une espèce en voie de disparition et que, pour s'éviter de se coûter la journée d'un financier en s'épargnant celle d'un savetier, il faut que chacun reste d'abord à sa place.

Qualités de l'ingénieur-administrateur. — Les qualités de l'ingénieur-administrateur et exploitant, seront donc surtout des qualités de bon sens, de doigté, de large compréhension des choses et des hommes, de prudence commerciale et aussi d'esprit de décision. Les spécialistes en la matière attribuent à l'ingénieur-administrateur quinze à vingt qualités distinctes classées par ordre de valeur décroissante, les Américains de l'école de Ford, notamment, les Français de l'école Fayol, de l'autre. Du reste, les uns et les autres ne sont pas encore sûrs des précellences relatives de ces diverses qualités.

A ce point de vue, qu'il nous soit permis de regretter

un engouement certain pour un procédé de formation hâtive et certainement superficielle, de ce que l'on se plaît à dénommer les états-majors d'entreprise. Certaines « écoles de chefs », destinées à donner à des étudiants de 21 à 22 ans, non même pourvus d'un diplôme d'ingénieur, des connaissances nécessaires pour devenir, dans un délai ultra-rapide, chefs de service ou administrateurs d'une grande entreprise, ont été, récemment encore, fort en faveur.

En réalité, les qualités de chef sont, comme nous l'avons dit, surtout faites d'expérience, de doigté et de la connaissance des hommes, mais elles supposent aussi une forte culture générale. Hoche et Marceau étaient des chefs. L'école du chef, c'est le combat, et ce n'est pas une forcerie. Que de tels procédés permettent à certains sujets, particulièrement qualifiés par leur naissance et leur fortune, d'acquérir un vernis de connaissances suffisant pour leur permettre de contrôler le travail assidu et un peu ingrat de leurs collaborateurs techniciens, rien de mieux. Mais ce n'est là qu'une manifestation d'iniquité sociale qui est destinée à disparaître, comme tant d'autres, et une piètre tentative dont les résultats ont certainement découragé déjà les illusionnistes les plus endurcis.

L'ingénieur-réalisateur. — Très différentes sont les qualités du constructeur, du réalisateur et nous touchons au pôle extrême, de l'inventeur. Ils doivent posséder une culture générale scientifique et technologique très étendue, et, en outre, une spécialisation parfaite dans les branches principales ou annexes qui intéressent leur activité. On a dit, il y a assez longtemps, qu'un vrai spécialiste était celui qui connaissait tout dans sa branche et beaucoup dans les autres. C'est encore vrai, et l'on conçoit aujourd'hui quelle somme de connaissances prodigieuses est indispensable au réalisateur, inventeur d'un système nouveau, d'une machine inédite, ou même au simple instigateur parfois d'une méthode nouvelle de calcul.

Ceci m'amène tout naturellement à examiner qu'elle est la situation de cette classe d'ingénieurs devant ce qu'on appelle la « science », terme assez vague, ensemble de nos connaissances que certains disent définitives et que les plus modestes doivent reconnaître encore comme embryonnaires. La « science » est, toutefois, un énorme dictionnaire à peine ébauché, qui peut-être consulté par les uns et par les autres dans un esprit très différent. Le savant, ou celui qui croit ou s'efforce de l'être, poursuit, dans le développement de la recherche scientifique et la conquête de résultats, un but désintéressé, celui d'accroître le thesaurus humain. Le savant peut être égoïste en ce sens qu'il apprend, lit ou recherche par satisfaction pure, en ce quoi il est inconsciemment coupable, car tout résultat matériel qui ne se traduit pas par une loi, ou tout au moins par une communication de faits à la collectivité, est perdu pour l'ensemble et s'évanouit avec le propriétaire de ce cerveau inquiet. L'un de nos vieux professeurs de jeunesse nous donnait cet exemple saisissant d'un de ses collègues, ayant passé quelque trente-cinq ans de sa vie à approfondir la genèse de la langue chinoise, que l'on pressait de résumer dans une œuvre personnelle les principaux résultats conquis, et qui mourut plein de science, sans avoir jamais rien écrit. Il y a donc crime, le mot n'est pas trop fort, contre la collectivité, lorsque l'on possède les qualités adéquates et toutes facilités de compréhension et de pénétration, de ne pas faire profiter ses contemporains et la postérité de découvertes possibles et de la science acquise.

L'ingénieur, ou mieux le réalisateur, poursuit un but différent : édifier, construire, perfectionner. La « science » pour lui est un moyen, les mathématiques, la physique, la chimie, des armes à manier, comme on utilise la connaissance de langues étrangères pour des fins réalistes. Il y a donc, en somme, sinon deux sciences (certains ne vont-ils pas jusqu'à dire qu'il y a une science pure et une science appliquée, oh ! hérésie), du moins deux grandes façons de concevoir la constitution et l'utilisation de la science.

CONCLUSIONS

Le rôle de l'ingénieur dans la vie moderne

Une conclusion s'impose à une étude que nous aurions voulu plus courte, mais qui, néanmoins, supposait un certain développement, l'étude des qualités personnelles du technicien d'élite, ou, plus spécialement, de l'ingénieur, à quelque ordre d'entreprises qu'il appartienne, et de quelque spécialité qu'il relève.

C'est d'abord un savoir absolument sûr, peut-être relativement restreint par rapport à celui du savant, mais dont il puisse faire usage au premier appel, car l'ingénieur est un homme de premier secours. Puis, ce sont des qualités de conscience, de travail, d'intégrité professionnelle, qui, nous avons honte de l'avouer, tendent à devenir aujourd'hui un peu plus rares, au moins parmi les jeunes générations qui mesurent leurs efforts et ne se rendent pas compte que les premières années de la carrière d'ingénieur sont nécessairement ingrates, que les salaires en sont généralement insuffisants. Nous oserions dire presque que c'est sinon juste, du moins explicable, car un ingénieur débutant rend moins de services qu'un manœuvre expérimenté. Néanmoins, il ne convient pas que cette période stérilisante du début se prolonge à l'excès. C'est à sa rapide spécialisation que doit s'employer énergiquement le jeune ingénieur, qui, après sa sortie de l'école, a dû accomplir des stages d'instruction, souvent mal rémunérés, mais destinés à lui permettre de concentrer des connaissances que l'école la mieux comprise ne peut entièrement lui fournir. C'est après ces quelques années d'essuyage de plâtres, en quelque sorte, qu'il donne sa mesure. Son sort est alors entre ses mains. A nous, entre les mains desquels il est passé plusieurs milliers de sujets d'origines, d'intelligences et de valeurs très diverses, il nous sera peut-être permis d'affirmer qu'aucun d'eux, en dépit de brillantes apparences, n'a été frappé d'insuccès qu'il n'ait réellement mérité cette défaveur par une tare, apparente ou cachée, et qu'acharné à dénouer les problèmes psychologiques, nous n'ayons toujours fini, un jour ou l'autre, par mettre à jour. Certains, se croyant malchanceux, ont inlassablement accusé le sort, d'autres indolents ont laissé passer l'occasion chauve. De toutes façons, tous les vaincus ont été uniformément artisans de leur défaite. Que nos jeunes le sachent, l'homme porte en lui les germes de la réussite. Ses qualités de cœur et d'intégrité, beaucoup plus que sa valeur technique parfois, lui ménagent l'accès de situations enviables, quand il ne vient pas compromettre sa destinée par quelques erreurs ou quelques paresses.

La carrière de l'ingénieur offre des satisfactions indicibles pour ceux qui s'en montrent réellement dignes. L'instant, où, toutes amarres coupées, le vaisseau nouvellement construit s'élance dans la mer, son nouveau domaine, au milieu d'un éblouissant rejaillissement d'écume, celui où, sous le coup de sifflet du chef d'entreprise, le premier train s'ébranle sur la voie nouvellement construite, où, sur le nouveau réseau d'énergie, le courant brusquement lancé transforme en une zone éblouissante, en ruches bourdonnantes d'activité, une région pauvre et triste, tous ces instants sont inoubliables. L'ingénieur a été créateur de bien-être. Il a développé le capital humain de bonheur et de prospérité par ses travaux et par ses gestes, et par cela même il sent en lui haleter un demi-dieu. Mais, nous le répétons, ce n'est pas là la carrière d'un médiocre. Les travaux industriels, quels qu'ils soient, supposent des qualités physiques et morales de plus en plus délicates et de plus en plus rares. Qu'on songe, et c'est par là que je veux terminer, à ces travaux d'aménagement de nos chutes exécutés souvent à plus de 2.000 mètres d'altitude, dans des conditions atmosphériques parfois atroces. L'ingénieur, épié par son personnel, déprimé, fatigué, inquiet, souvent mécontent, surveillé comme l'était pendant la guerre le chef par ses soldats, doit donner constamment l'exemple de la bonne tenue, de la bonne humeur, de l'endurance et du courage. Ce n'est pas là la tâche d'un médiocre, nous le répétons. Le rôle de l'ingénieur, déjà immense dans notre moderne civilisation, le deviendra davantage encore. En tous cas, il est encore mal connu et surtout mal apprécié de nos contemporains. Ce rôle est néanmoins plus grand que celui du magicien antique, car le magicien n'évoquait que des fantômes et ne réalisait que des œuvres fluidiques, tandis que l'ingénieur travaille à la conservation et au développement du bonheur de l'homme. Sa mission est un sacerdoce, car n'est-elle pas vraie cent fois la célèbre parole : « Science sans conscience n'est que ruine de l'âme ! »

QUELQUES RÉFLEXIONS
d'anciens combattants
SUR LA
peinture militaire de demain

Discours de Réception à l'Académie Delphinale

DE

M. le Lieutenant-Colonel DE GUILLEBON

Séance du 9 novembre 1928

Messieurs,

Je vous dois mille remerciements pour l'honneur que vous avez bien voulu m'accorder en m'admettant si rapidement parmi vos membres titulaires ; c'est un honneur dont je sens à merveille le prix. Vous avez eu la bonté de me tenir compte, à défaut de titres plus substantiels, de l'intérêt que je porte à vos travaux.

Intérêt bien naturel, d'abord parce que les dits travaux remuent avec abondance les idées et les souvenirs, et aussi parce que tant de membres de ma famille maternelle ont compté (ou comptent encore) dans votre Compagnie depuis sa fondation jusqu'à l'heure actuelle. La liste en comprend, sauf erreur, seize noms. Trois d'entre eux ont occupé le fauteuil présidentiel : M. de Savoye-Rollin, sous la Restauration, et, plus près de nous, M. Eugène Chaper et M. Jules de Beylié.

Cet honneur, Messieurs, appelle de ma part un geste de reconnaissance. Aussi puisque votre Règlement impose au nouvel admis le devoir de prononcer un discours de réception, j'ai tenu, bien que cette formalité ait été représentée maintes fois comme une torture digne des peuples les plus cruels, à m'en acquitter avec quelque empressement.

Mais tout d'abord je dois saluer la mémoire de votre sympathique collègue, auquel m'échoit la faveur de succéder, Monsieur le comte de Galbert.

Monsieur de Galbert fut reçu des vôtres en 1872, peu après la mort de son père, qui avait lui-même appartenu pendant sept ans à l'Académie, et qui avait eu un beau geste en offrant à la Bibliothèque de Grenoble le fameux croissant de jade découvert à La Buisse (croissant réputé comme une des pièces les plus rares de la période néolithique). Ce geste s'accomplissait en cet âge heureux où l'on pouvait découvrir un objet préhistorique sans recevoir d'injures ou de papier timbré, sans déclencher une campagne de presse ou un chahut au Collège de France : âge heureux que les humoristes, à défaut des paléontologues, appelleront l'âge préglozélien.

Monsieur de Galbert prononça le 19 décembre 1873 son discours de réception, récit d'un voyage de Jaffa à Jérusalem accompli à une période où un tel voyage n'allait pas sans difficultés, et où il décrit notamment son émotion en apercevant en même temps du haut d'une colline, à la dernière étape, Jérusalem et la Mer Morte.

Membre très actif de l'Académie, il fut appelé en 1896 à la présider. Vos archives possèdent l'allocution qu'il prononça en prenant possession de cette charge ; puis, une notice documentée qu'il donna le 24 avril sur les Iles de Lérins, voisines de ce Cannes qu'il affectionnait et qu'il nommait « le pays du Soleil et de la Santé » ; puis, son discours du 28 juin, lors d'une excursion collective aux ruines de Beauvoir et à l'Abbaye de Saint-Antoine, une de ces journées où, disait-il, « l'esprit et le cœur ont la plus large part » ; puis les éloges mortuaires de ses collègues, MM. Pallias et Gantel, et enfin sa réponse au discours de réception du général Anglès d'Auriac.

Pendant sa présidence, il ne cessa de travailler à hâter le Décret reconnaissant l'Académie Delphinale comme Etablissement d'utilité publique, en élaborant le dossier qui accompagnait la demande de reconnaissance.

Parmi ses travaux ultérieurs, je signalerai une étude substantielle sur Guillaume de Charancy qui, pourvu par le Roi en 1587 d'une charge de Conseiller au Parlement de Grenoble, dut attendre quinze ans que le Parlement, se mettant ouvertement en conflit avec le Pouvoir Royal, consentit à l'agréer, et aussi un Mémoire sur l'Agriculture à l'Université de Grenoble, où l'auteur montre quelle richesse représente pour un pays une pisciculture dirigée avec méthode.

Jusqu'à sa mort, très chrétiennement survenue en 1925, Monsieur de Galbert demeura pour tous le collègue le plus affable, le plus courtois, et le plus bienveillant, profondément dévoué à cette Maison dont il suivait les travaux avec une assiduité exemplaire. Il fut avant tout un homme de bien, dans la plus complète acception du mot. Il le montra notamment, nul ne l'ignore, sur le terrain de la Croix-Rouge ; il fut en 1871 un des fondateurs du Comité grenoblois de la Société de Secours aux Blessés militaires ; il en resta l'animateur dans toute la période entre les deux guerres ; il en fut le président pendant seize années fécondes.

Un souvenir me reste, déjà lointain, mais encore précis, celui du jour où Monsieur de Galbert reçut les félicitations de ma famille pour l'admission de son fils aîné à Saint-Cyr.

Quelques années plus tard, ce fils aîné, devenu un officier très brillant, entrait à son tour à l'Académie Delphinale, à laquelle il donnait une communication, alerte et colorée, sur l'île de la Galite, située au nord de la côte tunisienne. En août 1914, il occupait auprès du général Joffre un poste de confiance qui lui promettait une carrière superbe ; mais le 13 septembre 1916, alors qu'il commandait le 27e bataillon de chasseurs alpins et qu'il inspectait ses positions de mitrailleuses aux environs de Bouchavesnes, reconquis de la veille, il fut tué net par un obus allemand.

Cette mort héroïque augmenta, Messieurs, l'estime et la sympathie dont vous entouriez votre vénérable collègue, ainsi frappé au cœur.

Le comte de Galbert a compté plus d'un demi-siècle à l'Académie Delphinale ; son père y avait compté avant lui ; son fils aîné y a compté avec lui ; son second fils y compte aujourd'hui. Ce digne représentant d'une très ancienne famille dauphinoise ne court pas le risque d'être oublié de nous. Nous le retrouverons tout entier dans cette phrase de son testament que la piété filiale m'autorise à vous communiquer : « Je n'ai jamais cherché que « l'honneur de ma famille et le bonheur de mes enfants. »

Je viens d'évoquer la dernière guerre. C'est elle qui m'a inspiré l'idée de vous soumettre quelques réflexions sur la peinture militaire d'hier et surtout de demain.

La peinture militaire ?... Notre distingué Secrétaire

perpétuel va dire... ou plutôt non, avec son habituelle courtoisie il ne le dira pas, mais il le pensera (et c'est encore très redoutable), il pensera donc : Voici un profane qui veut parler d'un art qu'il ignore.

Un profane, assurément. J'ignore tout de la technique picturale. Mais un tableau n'offre pas que du métier, il doit aussi offrir une âme. Du moment qu'il existe dans nos Musées des tableaux militaires, sans doute avons-nous le droit de les juger, comme une symphonie au concert ou une comédie au théâtre. Selon le vers fameux :

C'est un droit qu'à la porte on achète en entrant.

Puis, et c'est là le fait essentiel, il y a eu la dernière guerre. Des millions de Français ont été mobilisés, ont vécu les combats, en ont percé les aspects innombrables. N'ont-ils pas acheté, et chèrement acheté, le droit de dire : « C'est bien cela » ou : « Ce n'est pas cela du tout » ?

Toute une littérature dite de guerre a décrit la vie du front et les remous des combats sous un jour absolument faux. L'ancien combattant se juge caricaturé par ces littérateurs. Je gage qu'il se montrera méfiant vis-à-vis de qui voudra le portraiturer.

Durant l'interminable période de la guerre de tranchées, l'existence au front (peu enviable et peu enviée, malgré les dires de quelques journalistes imaginatifs et lointains) offrait toutefois un côté plaisant : on y causait énormément à certaines époques. On y causait, parce que des jours, des semaines, des mois parfois de stagnation en procuraient le loisir ; on y causait parce qu'il y avait là, entassés, des hommes très divers d'âge, de savoir, de condition et d'impressions, présentant tantôt des affinités, tantôt des contrastes. On s'instruisait beaucoup à moissonner ainsi des aperçus très variés.

Ce sont quelques-uns de ces aperçus touchant la peinture que je voudrais, Messieurs, vous soumettre. Je les ai recueillis auprès de professionnels, d'amateurs, de profanes, et en grande partie auprès des membres des équipes de camouflage : artistes peintres qui, ayant reçu la mission très spéciale de tout cacher, de tout truquer, de tout dénaturer sur le front, aimaient à s'évader des sentiers battus pour courir vers les conceptions nouvelles.

La peinture militaire fournit sa contribution à nos Musées de Paris et de province. Mais elle trouve sa synthèse la plus complète dans le Palais de Versailles, où des centaines de toiles figurent toutes les batailles de notre histoire, grandes ou petites, depuis Tolbiac jusqu'aux époques récentes : toiles dues en partie à des artistes de deuxième rang, mais en partie aussi à nos peintres les meilleurs. Les plus célèbres sont groupées dans la Galerie des Batailles. C'est de cette Galerie que nombre de visiteurs s'informent tout d'abord ; c'est par elle qu'ils se forment une idée de la manière dont nos peintres militaires interprétaient jusqu'à ce jour un combat.

Cette interprétation recourt à trois modes essentiels :

Parfois le peintre représente la bataille dans son ensemble : il y a là, harmonieusement disposés, des engagements d'infanterie, des charges de cavalerie, des tirs d'artillerie, des mouvements de convois, des évolutions de troupes en réserve, des galopades d'estafettes : le tout, dans un vaste paysage qui est parfois, au point de vue de la topographie et des monuments, d'une louable exactitude. C'est le procédé « panoramique », très usité du temps de Louis XIV ; il engendre parfois des reconstitutions historiques qui font la joie des érudits. Mais les personnages, y figurant à très petite échelle, ont forcément des visages peu expressifs. Aussi un tel tableau fût-il riche de mouvement et de couleur, manquera-t-il toujours d' « humanité ».

Le peintre peut user d'un autre procédé. Il campe au milieu de sa toile le général victorieux, entouré de son état-major, place au premier rang quelques morts, quelques blessés, quelques débris, puis fait évoluer dans le fond quelques troupes et y indique le village qui, témoin de l'effort décisif et vainqueur, servira de parrain au combat. C'est ainsi que nous trouvons à Versailles un Henri IV à Ivry, de Steuben ; un Maurice de Saxe à Fontenoy, d'Horace Vernet ; un Bonaparte à Rivoli, de Philippoteaux, et bien d'autres encore.

Le peintre peut enfin symboliser la bataille par un épisode caractéristique. Bouvines, par Horace Vernet, c'est l'épisode de la messe avant l'engagement (avec cette particularité qu'il n'y a là aucune représentation de combat). Taillebourg, par Delacroix, c'est l'épisode du pont sur la Charente, où Saint Louis frappe dur parmi la mêlée. Arcole, par Gros, c'est l'épisode du drapeau que Bonaparte saisit, entraînant ainsi ses troupes à la victoire.

Or cette peinture-là, prise dans son ensemble, suggère à tout combattant de la dernière guerre une remarque. Elle est souvent vibrante, ardente, fougueuse, grandiose, héroïque même. Elle n'est pas toujours assez douloureuse. Elle laisse parfois dans l'ombre la souffrance physique, l'angoisse morale du soldat emporté dans l'inexorable tourbillon de la bataille.

Il ne faut certes pas généraliser. Le Eylau, de Gros, au Musée du Louvre, nous montre, d'une façon qui fend l'âme, toute une armée ensevelie sous la neige. De même, quantité de tableaux relatifs à la Retraite de Russie et au drame de la Bérésina, sont tragiques au possible, tragiques comme les vers de Victor Hugo dans les *Châtiments* :

« Il neigeait ; les blessés s'abritaient dans le ventre
« Des chevaux morts ; au seuil des bivouacs désolés,
« On voyait des clairons à leurs postes gelés.
. . . .
« Il neigeait ; il neigeait toujours ; la froide bise
« Sifflait ; sur le verglas, dans des lieux inconnus,
« On n'avait pas de pain et l'on allait pieds nus. »

Dans la Charge des 8e et 9e cuirassiers à Reichshoffen, d'Aimé Morot, des cavaliers sont blessés, désarçonnés, foulés aux pieds des escadrons, et nous arrachent ce cri : « Oh ! les malheureux ! »

Et tout le monde connaît deux œuvres admirables d'Alphonse de Neuville, le Cimetière de Saint-Privat et les Dernières Cartouches, admirables parce que nous y voyons des combattants souffrir jusqu'au plus profond de leur être.

Mais, par contre, dans combien de toiles les morts et les blessés ne semblent-ils figurer que d'office, si l'on peut dire, parce qu'au fond l'on ne conçoit pas de combat sans eux, et sont-ils représentés de la façon la plus inexpressive ?... Parfois même ils sont jugés encombrants, placés au compte-gouttes. Dans toute la famille des tableaux ayant pour centre le grand chef et son état-major, ils se muent en simples accessoires, au même titre que les fusils abandonnés, les affûts brisés, les chevaux expirants. On leur interdit d'accaparer l'attention.

Le Fontenoy, d'Horace Vernet, ne comporte que quelques blessés et quelques morts. Son Friedland, encore moins. Son Wagram, un blessé seulement et pas un cadavre, alors que cette journée avait coûté la vie à 20.000 des nôtres !

Et il y a plus. Un très grand artiste, Meissonier, en est venu à exclure radicalement de certaines de ces toiles cet élément essentiel de tout combat. Son Napoléon III à Solférino, par exemple, ne montre ni un blessé ni un mort. Les connaisseurs disent avec raison : « Voilà une œuvre magistrale ! » Les anciens combattants disent avec non moins de raison : « Voilà une journée de tout repos ! »

Messieurs, le jour où l'on décidera de mettre à jour les galeries d'histoire de Versailles, comment s'y prendra un peintre voulant représenter une des grandes batailles de la dernière guerre ?...

Il rencontrera une première difficulté : l'immensité de ces combats. Jadis, des effectifs plus restreints se heurtaient en une action plus ramassée. Quelques heures, quelques kilomètres carrés enfermaient une bataille. Mais hier des effectifs énormes ont été engagés en des chocs interminables. Les luttes sur l'Yser et la Somme ont duré des mois et des mois. La première bataille de la Marne, en septembre 1914, a fait rage plusieurs jours, opposant 1.300.000 Allemands à 1.100.000 Français ou Anglais, se déroulant de la banlieue de Paris jusqu'à la Lorraine. Verdun fut, de février à décembre 1916, une fournaise où s'engouffrèrent je ne sais combien de divisions. Et ainsi de suite. Notre peintre devra renoncer à fixer l'ensemble d'une telle lutte.

Tentera-t-il de la synthétiser dans la personne du chef qui l'a gagnée, ou du moins soutenue ?... Mais l'extraordinaire discrétion prescrite par la censure depuis 1914 fait que rarement ce chef est connu du public. Puis comment accoler le nom d'un chef aux combats des Eparges, de Vauquois, d'Artois, de Champagne, si prolongés que plusieurs chefs s'y succédèrent ?... Il y a quelques exceptions : Joffre va avec la Marne, Pétain avec Verdun. Mais ici surgit une difficulté nouvelle. C'en est fini des maréchaux, des généraux, caracolant au milieu d'un brillant état-major, dans une pose théâtrale. Où était Joffre pendant la Marne ?... Assis dans son bureau à Châtillon-sur-Seine, dirigeant de là le drame gigantesque. Pétain, alors qu'il sauvait Verdun, se tenait dans la modeste mairie de Souilly. Combien de généraux, même de commandants de corps d'armée, ont, en 1917 et 1918, fait mouvoir leurs troupes du fond d'un abri souterrain, obscur et exigu, d'où le téléphone transmettait leur volonté !

Le peintre se rabattra sans doute sur le troisième des

procédés-type que j'ai définis tout à l'heure, la matérialisation d'un épisode. Remarquons d'ailleurs que, contrairement à Taillebourg ou à Arcole, les vastes chocs de la Marne et de Verdun n'offrent pas d'épisode assez notoire pour les caractériser. L'artiste se contentera donc de figurer des tranches, des moments de la bataille.

Il disposera de certains éléments nouveaux, inconnus à ses devanciers. Je citerai le casque, résurrection de l'ancienne bourguignotte, qui donne à son porteur un aspect robuste et martial ; les avions, qui meublent le ciel ; les camions-automobiles de ravitaillement ; les camions-automobiles chargés de troupes, qui donnent une étonnante impression de vie et de mobilité ; les terrifiantes auto-mitrailleuses ; plus terrifiants, certains canons colossaux à longue portée ; et plus terrifiants encore que ces gros canons-là, les tanks, à la silhouette écrasante et monstrueuse. Voilà toute une série de matériaux nouveaux et utiles. Mais, par contre, que de difficultés nouvelles !

Le peintre va d'abord se buter à un caractère déconcertant de la guerre moderne : l'invisibilité des combattants. La portée démesurée des armes actuelles oblige ceux-ci à ne pas se laisser voir. Quiconque est vu est menacé de mort.

Plus de belles évolutions sur le terrain, comme jadis ; plus de ces « gros bataillons serrés, semblables à autant de tours » comme à Rocroi ; plus de carrés comme à Waterloo. Les mitrailleuses, les canons, soigneusement dissimulés et camouflés, emploient, pour ne pas se trahir, une poudre sans fumée. L'uniforme redoute la coquetterie ; il renonce aux couleurs voyantes, aux dorures ; il devient austère et terne.

Le combattant se terre en des tranchées et des boyaux où il peut circuler moins dangereusement ; il s'enfonce dans des abris aussi profonds que possible. Le champ de bataille prend l'aspect d'un désert : aspect qui a stupéfié maints témoins oculaires. C'est ainsi que, lors des sanglants combats du Labyrinthe, au printemps de 1915, de nombreux journalistes, parlementaires ou intellectuels, français ou étrangers, obtinrent la permission de venir contempler ces luttes épiques. Ils gagnaient quelque observatoire de la région d'Arras. Et, de là, que voyaient-ils ?... Une vaste dépression, boursouflée de terrassements et d'entonnoirs d'obus, mais, même en écarquillant les yeux durant des heures, pas un mouvement, pas un être humain. Deux choses seulement mettaient de la vie dans cette immobilité : d'abord, les milliers de panaches blancs, gris, noirs ou verdâtres, soulevés par la chute incessante des obus, puis les douzaines d'avions qui fendaient audacieusement le ciel. Rien, absolument rien, ne décelait que dans les tranchées, les boyaux et les abris, tout un monde grouillait, luttait, peinait et mourait même. Somme toute, des éléments négatifs pour le peintre.

Autre élément nouveau : l'apparence, invraisemblable et irréelle, des régions où l'on se bat depuis longtemps, que l'artillerie pilonne et triture sans relâche. Régions qui prennent, avec leur sol défoncé, éparpillé, d'où toute verdure a disparu, le faciès d'un paysage lunaire ; où l'on ne voit plus ni routes, ni haies, ni cultures ; où l'on ne discerne plus que des squelettes d'arbres, des fantômes de maisons, de rares fragments informes de bois et de métal, où plus un objet n'est intact, n'a gardé ses contours normaux, où tout revêt parfois des teintes inaccoutumées. Je citerai deux exemples de ces teintes étranges.

En septembre 1916, lors du recul des Allemands près de Péronne, des millions de grenades à main jonchaient la terre ; et, comme toutes ces grenades, tant françaises qu'allemandes, étaient peintes en bleu, le sol, sur certaines immenses étendues, était d'un bleu extraordinaire, accentué surtout au soleil levant.

Puis, au printemps de 1917, le plateau de Craonne, labouré par une grêle d'obus, avait perdu toute sa végétation, avait vomi abondamment sa craie, et devenait, sous l'éclairage vertical de midi, comme une gigantesque table recouverte d'une nappe blanche.

Dans ce cadre déconcertant, le peintre devra camper le combattant. Encore une tâche périlleuse. Le soldat moderne, en pleine bataille, n'est pas toujours beau à voir, si l'on se place au point de vue décoratif. Le soldat de Verdun flamboiera dans l'histoire comme un type d'héroïsme. Or, il n'avait rien de commun, je vous le jure, avec tels de ses devanciers que l'on voit dans certains tableaux de la Galerie des Batailles : bien lavés, bien peignés, rasés de frais, aux uniformes flambants neuf, aux boutons brillants, aux buffleteries éblouissantes, évoluant parmi des chevaux gros et gras, au poil resplendissant, au harnachement immaculé. Le soldat de Verdun, qui revenait de vivre (si l'on peut dire) quelques journées en nos premières lignes, où se jouaient alors les destinées de l'Europe, dans des conditions matériellement et moralement effroyables, avait le visage pâle, tiré et maigre, les vêtements déchirés et souillés ; il était sale à faire peur, couvert, du casque jusqu'aux souliers, de poussière et de boue ; il pliait sous un chapelet de sacs, de musettes, de masques à gaz, d'objets de campement, d'outils de terrassier : accoutrement étrange et informe. Il avait la démarche accablée, l'œil terne ; il semblait évadé d'une terre d'épouvante. Mais, par les prodiges qu'il venait de réaliser et qui se résumaient en ce mot « Tenir », il imposait le respect. Soyez sûrs que jamais cet homme-là ne consentira à se voir représenté, sur les pentes de Douaumont ou du Mort-Homme, comme un figurant avantageux d'Opéra-Comique ou un acteur pomponné de la Guerre en dentelles. Il crèverait plutôt la toile !

Je crois encore qu'il sera très difficile de représenter des soldats munis de leurs masques ; ces masques, que des troupes entières portaient lorsqu'elles recevaient des gaz asphyxiants (et ce fut en 1917 et 1918 le pain quotidien...), avaient la forme de groins de porc ; ils donnaient à leurs porteurs une apparence ridicule et bestiale, qui est la négation même de toute esthétique.

Comment rendre ce qui se passait derrière ces masques ?... Comment traduire ce poste de secours dont parle quelque part Henry Bordeaux, avec ces blessés masqués, ces mourants masqués que soignaient des infirmiers masqués et que bénissait un aumônier masqué : assemblée sans visages, qui donnait l'impression d'une descente aux enfers ?

Enfin, je ne crois pas qu'un peintre puisse rendre avec exactitude les morts et les blessés du champ de bataille actuel. Tant de blessures sont hideuses ! tant de cadavres sont effrayants ! tant de corps sont mutilés et déchiquetés par les éclats tranchants et brûlants des obus modernes ! Trop de réalisme ne ferait-il pas se cabrer le public ?...

Messieurs, notre peintre réussira, j'en suis certain, à vaincre tous les obstacles que je viens d'énumérer. Mais alors, quand il voudra donner un sens profond, une âme, à son tableau, il devra renoncer à la peinture napoléonienne. Les vétérans de la Grande Armée voulaient, avant tout, retrouver sur les toiles commémorant leur épopée un personnage visible, l'Empereur, et un personnage invisible, la gloire. Les anciens combattants de la Grande Guerre voudront, eux, retrouver dans la représentation de leurs exploits, deux personnages invisibles.

Le premier de ces personnages est la douleur.

On me dira : Toutes les guerres ont été douloureuses. Je répondrai : Assurément, mais aucune ne l'a été comme la dernière.

Douloureuse par ses acteurs, puisqu'elle a arraché à ses foyers toute la population masculine valide, y compris les pères de famille.

Douloureuse par sa longueur, puisque plusieurs années durant, elle a sévi sans trêve ni rémission.

Douloureuse par les périls nouveaux qu'elle a imaginé, et dont je citerai seulement les trois plus redoutables : les armes à très longue portée, l'aviation de bombardement, les gaz asphyxiants.

Douloureuse par les épreuves dont elle a accablé la population civile des régions envahies, y compris les femmes et les enfants.

Douloureuse parce qu'elle a laissé derrière elle, outre un nombre effrayant de blessés, près d'un million et demi de morts.

Cette douleur a été si atroce, que, dès la fin de 1914, elle avait donné corps à un culte nouveau, dont la première apparition remontait à nos malheurs de 1870 : le culte des morts de la guerre.

Jadis, on s'occupait peu de ces derniers. On les enterrait à la diable, puis on les oubliait, et voilà tout. Louis XIV éleva la Porte Saint-Martin et la Porte Saint-Denis pour rappeler ses victoires, et fonda les Invalides pour abriter ses soldats blessés. Napoléon voulut que l'Arc de Triomphe commémorât la gloire de la Grande Armée. Mais, ni l'un ni l'autre ne parurent songer aux morts de leurs guerres. Aucun autre de nos souverains ne s'en préoccupa davantage. Tous firent chanter des *Te Deum* et non des *De Profundis*. Et quelle lacune surprenante à cet égard présentent même les oraisons funèbres de plusieurs grands capitaines prononcées par Bossuet !

Or, depuis quatorze ans, ce culte nouveau a grandi, s'est imposé à tous. Il a mis la main sur l'Arc de Triomphe, monument de gloire, y a creusé la tombe du soldat inconnu, en a fait ainsi un monument de tristesse, a créé un des grands courants de spiritualité du monde contemporain.

Ce culte a fait sortir du sol les innombrables monuments commémoratifs qui jalonnent, de l'Alsace à la Flandre, l'ancien front, l'ancienne zone de mort. Le plus complet de tous est peut-être celui de Notre-Dame de Lorette, en Artois. Cette région d'Arras est littéralement parsemée de cimetières militaires et de monuments français, anglais, australiens, néo-zélandais, canadiens, que sais-je encore ? Et voici que, les dominant tous, se groupe sur la colline de Lorette un merveilleux ensemble : une basilique avec son ossuaire, puis un cimetière de 50.000 tombes, puis une large esplanade où les foules peuvent se presser autour d'un autel monumental, enfin un fanal des morts dont la lueur, le soir venu, redit éloquemment : « Ne les oubliez pas ! »

Il y a là une conception toute nouvelle, inconnue avant la dernière guerre et dont l'évêque d'Arras, Mgr Julien, dans un discours prononcé il y a quelques mois à Paris, précisait ainsi le sens douloureux : « De quoi se font « les monuments de guerre ?... Il y faut une idée, de « l'argent et des larmes. Lorette n'a manqué d'aucune « de ces ressources. Que dis-je ?... Ce sont les larmes « qui ont tout fait ; elles ont inspiré à la fois l'idée et « l'argent ». Voilà pour nos peintres une indication bien nette, donnée par leurs frères les sculpteurs.

Messieurs, le second des personnages dont je parlais tout à l'heure, c'est l'héroïsme. Oh ! je le sais bien ! l'héroïsme n'est pas une nouveauté. Mais celui déployé pendant la dernière guerre a été d'une nature toute spéciale. Soit individuel, soit collectif, il s'est appliqué à des dangers affreux et à des besognes rebutantes, si bien décrits par le poète Louis Mercier dans ses admirables *Poèmes de la Tranchée* ; il a été répété, durable, incessant ; il a été anonyme, obscur et d'autant plus beau ; sans cesse exigé par les événements, il a été prodigué inlassablement par des millions de Français. Plus la douleur devenait accablante, plus il lui tenait tête. Il ne s'est jamais laissé dominer par elle. Il a régné en maître de 1914 à 1918. Il a le droit de figurer maintenant en première place dans notre reconnaissance et notre souvenir. Il a du reste inspiré une œuvre maîtresse, la statue du Poilu libérateur, érigée sur l'esplanade de Metz, et fondue avec les débris de la statue de l'Empereur Guillaume Ier.

Messieurs, je ne voudrais pas retenir plus longtemps votre si bienveillante attention. J'ai noté certaines difficultés que rencontrera demain la peinture militaire, et indiqué certaines tentations auxquelles, si elle veut être sincère, elle devra résister. Arrivé là, je dois faire une constatation. Peu d'années après nos défaites de 1870, alors que j'étais encore enfant, on a vu toute une floraison de tableaux qui en représentaient des batailles et des scènes. Aujourd'hui, dix ans après que nos cloches ont sonné l'armistice et la victoire, nous voyons bien toute une floraison d'œuvres architecturales et sculpturales qui célèbrent la mémoire des morts ; mais nous ne voyons guère paraître d'œuvres picturales qui redisent les exploits des vivants. Nous en sommes réduits à quelques centaines de photographies et de dessins pris durant la guerre et à quelques films tournés depuis lors.

Pourquoi ?... Je n'en sais rien. L'épopée napoléonienne a attendu vingt ans ses chantres, dont Victor Hugo fut le plus prestigieux. Peut-être le drame dont nous sentons encore la secousse devra-t-il attendre vingt ans ses peintres. Peut-être doit-on se dire que toute peinture comporte une part de convention, part plus large que jamais pour cette dernière guerre, et que le recul du temps devient ici un bienfait, sinon une nécessité.

Laissons donc venir avec confiance le jour où le génie de nos artistes, se donnant libre cours dans des salles nouvelles de Versailles, retracera les événements sans nombre qui se sont accumulés durant ces cinquante-et-un mois fébrilement vécus.

Mais, comme cette guerre-là diffère totalement des précédentes, qu'elle a, pour la première fois, mis en œuvre le système de la nation armée, qu'elle a remué la population tout entière, sa représentation devra être infiniment variée et diverse.

Nous verrons donc les combats livrés sur le front français, sur le front italien, aux Dardanelles, sur le front de Salonique ; nous verrons des combats aériens et de vastes scènes, soit de ravitaillement, soit de transport de troupes, comme celles dont la Voie Sacrée de Bar-le-Duc à Verdun fut le théâtre trépidant. D'autres toiles magnifieront le dévouement incessant et obscur de nos marins pour maintenir la liberté des mers. Mais d'autres rappelleront le bombardement, l'incendie et la ruine de nos villes, de nos villages, de nos églises, l'exode des populations fuyant sous les balles et les obus, ou encore l'héroïsme des habitants demeurés sous le canon ennemi, avec les écoles, les hôpitaux, les maternités, les services publics fonctionnant dans les caves ; tout un trésor de souffrances et de vertus qui ont valu à maintes de nos communes la Légion d'honneur et la Croix de guerre.

D'autres célèbreront le dévouement de nos infirmières dans les ambulances du front et les hôpitaux de l'intérieur. D'autres fixeront l'effort surhumain accompli jour et nuit par nos ateliers, nos usines, nos réseaux de chemins de fer.

Ce sera là, en vérité, une galerie toute nouvelle et singulièrement instructive. Elle perpétuera la volonté, l'énergie, l'intelligence, le patriotisme, par lesquels notre pays a étonné alors le monde entier. Heureux, dirons-nous, les peintres qui seront conviés à cette tâche, car ils auront à retracer ce que Maurice Barrès, dans une image très ramassée, nommait : « Les traits immortels de la France » !

Réponse au Discours de Réception

DE

M. le Lieut[t]-Colonel de GUILLEBON

PAR

M. BARBILLION

Président de l'Académie Delphinale

Séance du 9 novembre 1928

ARRIVÉ aux termes d'un mandat, si j'ose dire, qui fut certainement sans gloire pour tous, mais qui fut plein de saveur pour le Président, car il y put s'y sceller d'inappréciables amitiés, dont il ne soupçonnait pas, jusque-là le charme, ce sera pour moi un très grand honneur d'avoir à recevoir demain notre collègue, le colonel Lemaître, comme membre titulaire de notre Académie. C'en est un aussi doux que de remplir aujourd'hui la même mission, envers l'un de ses camarades de la grande guerre, le lieutenant-colonel de Guillebon.

Mon colonel, vous étiez, à vrai dire, depuis longtemps des nôtres, puisque, avant même d'avoir prononcé le traditionnel discours de réception, vous nous aviez donné des communications fort appréciées sur divers points, très spéciaux, et parfois horrifiquement intéressants, de notre histoire régionale. Fougueux amant de nos archives de Grenoble, de Vizille, et même de toutes les Bibliothèques privées ou publiques du Dauphiné, vous nous avez fait plusieurs fois frémir en nous entretenant des procès de sorcellerie qui furent instruits et suivis des sanctions que l'on devine, dans le Dauphiné. Vous vous êtes déjà révélé historien impartial et précis dans votre communication sur le voyage que fit, peu avant la fin de sa vie, du reste, Casimir Périer, à Grenoble.

Mais, ce n'était là que des entrées en matière, que des engagements d'avant-garde, que de ces combats de rideau, comme disaient nos ex-ennemis de 1914, aujourd'hui pacifistes à outrance, comme chacun sait. Que notre nouveau collègue me tolère ces expressions belliqueuses. On sait qu'elles constituent l'apanage de ceux qui ne le sont pas et qui aiment, loin des flots, ou plutôt à côté de la mêlée, faire figure de matamores au Café du Commerce ou sous les ormes du Mail.

Le sujet choisi par vous, mon colonel, est tout autre, et d'une ampleur réellement dangereuse. Il l'aurait été, si vous ne joigniez, à une abondante et précise documentation, un sens de la synthèse véritablement rare.

Vous me permettrez, mon cher collègue, de dévoiler ici qu'au cours de nos conversations prémonitoires, vous ayez regretté que « le sujet parallèle », la littérature militaire de la guerre et de l'après-guerre, ait déjà été traité, ... mais il n'était ni monopolisé, ni épuisé. Vous connaissant comme je vous connais, je suis persuadé que vous auriez pu nous tirer de ce gros sac une seconde mouture, au moins aussi savoureuse que la première, mais, comme vous êtes à la fois historien, littérateur, peintre et musicien, vous n'aviez que l'embarras du choix. Vous avez donc choisi le titre très modestement inexact ci-après : « Quelques réflexions d'anciens combattants sur la peinture militaire de demain ».

Faisant abstraction pour l'instant de toutes autres choses que des éléments de votre discours traitant de l'essentiel du sujet, j'y vois deux parties distinctes : c'est d'abord une énumération, ou plutôt une classification par catégories ou prototypes, des toiles célèbres qui, notamment en France, ont tendu à représenter des faits importants de la Guerre. Puis, dans votre deuxième partie, vous soulignez à quel point la peinture des événements de 1914-1918 devait être différente de ses devancières, et mettez en lumière les raisons de cette différence. M'attachant donc, comme vous, au passé, je ne puis que regretter avec vous tout cet art conventionnel qui, d'une grande bataille, fixait comme centre la personnalité du général en chef, que quittent ou que rejoignent, à bride abattue, d'empressés officiers d'ordonnance, qu'ils portent le tricorne des généraux de Louis XIV, leurs grosses bottes à doubles revers, les canons, les habits largement ouverts, aux parements somptueux, aux multiples boutonnières et aux cravates de fines dentelles, ou que, officiers de la Révolution ou de l'Empire, leur tenue d'une modestie d'abord spartiale, finisse par atteindre des proportions de luxe inouï, comme celui des compagnons immédiats de l'Empereur, jusqu'à l'approche de la grande débâcle. Vous avez tout dit de ces groupements conventionnels, et vous l'avez fort bien dit.

Aussi, ne voulant pas déflorer, tel un commentateur maladroit, l'effet d'une belle œuvre, votre travail si incisif et si puissant, je me permettrai seulement d'y ajouter deux hors-d'œuvre.

Une chose, dès ma jeunesse, m'avait vivement frappé en contemplant ces œuvres célèbres, la perfection relative avec laquelle les Van Der Meulen, les David, les Géricault, voire les Raffet et les Charlet, avaient rendu les attitudes et les expressions humaines, le conventionnel et la naïveté, l'ignorance et le mépris même, avec lesquels ils avaient traité l'inséparable — l'antiquité l'avait consacré par le mythe du Centaure, — le doux, le vaillant, l'admirable compagnon de l'homme de guerre : le cheval. Pour les premiers, muscles, membres, proportions relatives du squelette et du squelette habillé de chair, sont à peu près rigoureusement observés et rendus, même chez les peintres les plus médiocres. Pour le cheval, rien de tel. Que trouvons-nous dans cette histoire spéciale de l'art consacré au coursier, peinture ou sculpture ?... D'abord, un monument inouï, définitif, écrasant, la statuaire grecque, symbolisée par les chevaux du Parthénon, statuaire copiée par les Romains qui n'ont guère étudié davantage dans ce domaine que dans les autres, lorsque les modèles existaient, puis... plus rien !

J'aurais dû citer cependant, à l'époque préhistorique, certains admirables grafiti des cavernes, reproduisant, à s'y méprendre, les profils de chevaux mongols de l'époque actuelle. Les Chinois ont su parfois représenter l'homme. Le cheval, jamais... Pendant le moyen âge... rien. Même pendant le grand siècle, rien non plus ! Des montures de généraux, d'officiers, que dis-je, même de rangs entiers de cavaliers allant au combat (je n'ose dire « courant »), reposant sur le sol par les deux pattes de derrière, les deux pieds de devant ramenés sous le ventre. Ce cheval édité en série n'est même pas un cheval qui se cabre... Il exécute une figure de manège qui, si je me souviens bien, à Versailles ou à Saint-Germain, s'appelait la « cabriole », la « courbette » ou la « croupade ». En somme, aucun de ces peintres n'a jamais regardé un cheval courir, ni essayé de le représenter tel. « Révérence gardée », comme disent les paysans de café-concert, tous ces chevaux bien sages semblent dépendus de quelque moderne manège de fête foraine, fussent-ils tigrés comme il était de mode d'en assigner à Louis XIV, ou pies, comme ceux qu'aimait à monter Turenne.

La Restauration et le Second Empire ne sont guère plus consolants. Meissonier, un maître néanmoins, que vous avez cité, a commis de lourdes erreurs, et pourtant il a travaillé l'anatomie chevaline. Nous en avons des exemples au Musée de Grenoble. Enfin, le maître vint, fondateur d'une école nouvelle, école toute de sincérité et d'observation. L'école du divin artiste, Caran d'Ache, ou mieux Poiré, le légendaire caporal Poiré, petit-fils, comme on le sait, d'un Français demeuré en Russie après 1812.

Caran d'Ache, dont il se trouve que, par hasard, j'ai connu quelques traits de la vie intime, et recueilli quelques cartons, fut un formidable travailleur. Certains de ces croquis, qui semblent spontanés, chefs-d'œuvre d'anatomie et de précision aiguë, ont été repassés vingt fois au crayon bleu avant d'acquérir le linéament définitif. Qui ne se souvient de ses magnifiques planches sur les armées étrangères, parues dans la *Caricature* dont le titre, au moins pour cet artiste, constituait une injurieuse erreur, de ses prestigieux horse-guards aux jugulaires arasant les mentons, de ces inquiétants hussards de la Mort, de ces cosaques aux chevaux fous, vus chargeant rigoureusement de face ! Parallèlement, la cinématographie, ou mieux (car elle n'était pas encore née) les travaux de Marey et de ses élèves, ont décomposé les temps des allures. Alors est né un autre danger, le transport de la photographie, sans précaution, dans l'art. D'éminents peintres tels qu'Aimé Morot, Detaille, de Neuville même, n'ont pas su toujours dissocier cet élément photographique de l'élément pictural. Un cheval photographié n'est pas un cheval vu. Une photographie correspond à l'ensemble des impressions recueillies par une plaque. Au moyen d'opérations chimiques, le cliché fixe ces impressions. Nous avons donc la sensation oculaire de seconde main, si j'ose dire, ou nous la recevons d'un œil intermédiaire en quelque sorte, tandis que l'impression qui se dégage d'un tableau ou d'une scène vécue est primaire ou immédiate. Cette distinction peut sembler subtile. Elle est réelle. Qu'on songe, dans un domaine voisin, à la différence trouvée quand on contemple la photographie en couleurs d'un paysage, d'un bouquet de roses, ou lorsqu'on voit directement l'objet.

En voilà assez pour l'un des acteurs de la bataille, le cheval. Voyons ce que l'on peut dire du second : de l'homme. Je ne m'arrête pas aux considérations relatives au matériel. Tout ce qui est avions, tanks, pièces monstrueuses, etc..., est tellement antiesthétique que les peintres eux-mêmes, les plus serviles et les plus flatteurs de l'opinion, n'osent guère en risquer dans leurs tableaux qu'à l'extrême arrière-plan, ou sur les côtés, comme accessoires.

Je me le demande avec vous. Que nous réserve la peinture de guerre de demain ?... J'ai bien peur que ce ne soit pas très beau. Parlons donc de l'homme, qui peut le demeurer toujours, s'il sait rester un héros.

Le propre de son intervention dans la dernière guerre, comme le dit si bien notre récipiendaire, c'est d'être invisible, ou presque. Ce fut un de nos étonnements, à nous autres les vieux, ou les demi-vieux, de l'ère des grandes manœuvres, de brusquement ne plus rien voir, même en rase campagne où arbres, maisons, replis de terrain, ont été si harmonieusement utilisés, si prodigieusement camouflés ! Mais l'homme, s'il ne se voyait guère au combat, sauf dans les périodes très brèves des chocs, réapparaissait à l'arrière, au repos, et c'est là, malheureusement, ce qui a donné naissance, dans un but d'apaisement des inquiétudes nationales, à cette peinture écœurante, nauséeuse, triste jusqu'à faire pleurer, du « poilu » (expression basse et triviale, mais consacrée, empruntée par les dilettanti de l'arrière à l'argot des dockers du Havre), le poilu satisfait, content, bien repu, bien brossé. Hélas !... les peintres les plus scrupuleux et les meilleurs de nos dessinateurs de guerre n'ont pas su voir l'aspect réellement tragique du combattant. Ils en ont fait figure de reîtres avantageux ou de lansquenets triomphants. Même lorsqu'ils veulent nous inspirer le respect ou nous donner le frisson, ils n'évoquent que des visions de théâtre. Scott, pour ne donner qu'un exemple, n'a pas laissé de la guerre une seule page digne de son ancienne renommée. La guerre propre, gaie, amusante ou sereine ! quel effroyable paradoxe, quelle monstrueuse ineptie, dont nous ne sommes pas encore guéris ! ! ! Une exception cependant me semble devoir être faite en faveur d'un peintre qui a étonnamment grandi pendant les hostilités. C'est Flameng. Ses hommes isolés sont bien les combattants hirsutes, mais non pas grotesques, résolus au sacrifice suprême, et non des fiers-à-bras. Mais les hommes isolés, pour lui, dans son œuvre, c'est l'exception. Ses pages de jours de bataille sont inouïes de vérité. Elles sont vastes, indéfinies, d'un vide poignant, avec des hommes-fourmis qui courent, tombent ou s'effacent, vagues ténues et non massives, comme le voulaient les légendes de l'intérieur, et surtout son coloris est merveilleux. Plaines de la Somme, jaunâtres et sans fin, trouées comme des écumoires, Hartmannswiller ravagé avec sa forêt réduite à quelques troncs dépassant à peine le sol, et combien d'autres admirables pages ! Flameng est le seul, pensé-je, à avoir compris l'immensité du conflit, et l'infinie petitesse de l'homme devant cette formidable aventure, sans pour cela que la dignité humaine en soit en rien compromise. On peut bien rester grand devant son Dieu.

Flameng fut le vrai peintre de la guerre de 1914-1918, mais il eut un précurseur, Roll, dont le tableau de « la Guerre Moderne », au Musée du Luxembourg, vieux de plus de quarante ans, fixait avec une précision surprenante les traits, au moins du début, de nos derniers conflits. On s'en souvient : à droite du tableau, un cheval ou un mulet bâté, abattu sur le flanc avec son chargement ; à gauche, un soldat du génie, barbu jusqu'aux yeux, qui prépare son attirail de signaux optiques ; au centre, une troupe d'infanterie en colonne ne semble guère surprise par l'action commençante. Elle déboîte paresseusement, et va entrer dans la fournaise. La passivité grégaire de ces hommes n'est qu'apparente. Ils se préparent à combattre, comme, avec le minimum de gestes, on s'apprête à travailler, pour l'idéal-patrie.

Renversant l'ordre traditionnel des discours de réception, et servant peut-être en cela, inconsciemment, dans une première phase d'évolution, les desseins des novateurs-destructeurs, qui sévissent dans les Académies, comme ailleurs, je me suis efforcé, plutôt mal que bien, de répondre à votre beau discours, me réservant, à la fin de ma maigre riposte, de vous présenter, l'usage le veut, mais c'était bien inutile, à vos collègues de l'Académie.

Vous avez bien voulu, avec une belle émotion contenue, nous rappeler les liens déjà existants entre notre Compagnie et les membres d'une famille comme la vôtre, éminemment respectable et sympathique ; mais, à moi revient l'agréable devoir de dire, un peu seulement, du bien que je pense du nouveau titulaire de celle-ci, qui entre aujourd'hui dans nos rangs.

Vos nombreux amis d'ici vous connaissent, mon cher collègue, assez, pour ne pas être sûrs que vous avez déjà fait, auprès de votre Président, de pressantes démarches pour lui faire réduire au minimum l'exposé de votre carrière et l'énoncé des titres qui vous désignaient si nettement au choix de l'Académie. Il est cependant des minima incompressibles, et je ne me suis lié envers vous que dans la limite que me permettait d'observer ma mission présidentielle. J'ai même fait quelque peu usage de la restriction mentale.

Vous êtes des nôtres, mon cher collègue, et des meilleurs.

Je rappelle brièvement votre belle carrière militaire :

Entré à l'Ecole Polytechnique en 1891, vous en sortez dans l'arme de l'artillerie, et franchissez rapidement, autant que le permettait alors la sévérité des règlements, vos premiers grades.

La guerre vous trouve capitaine au 10e régiment d'artillerie à Rennes. Vous partez aussitôt, faites, avec vos hommes qui ont en vous une aveugle confiance, et, permettez-moi de le dire aussi, une véritable admiration, la dure campagne de Belgique ; puis, c'est la bataille de la Marne. Vous recevez, le 13 septembre 1914, une première blessure en Champagne.

Mais, vous ne vous arrêtez pas pour cela, combattez sous Arras d'octobre 1914 en mai 1915, où vous prenez part à l'offensive d'Artois, vous y êtes fait chevalier de la Légion d'honneur et décoré de la Croix de guerre, avec une citation particulièrement élogieuse.

C'est maintenant l'Argonne qui vous appelle à l'automne de 1915, jusqu'au moment où, désigné pour commander un groupe de nouvelle formation, vous participez à la terrible bataille de Verdun, après avoir été affecté, pendant quelques semaines, à la défense de ce secteur que tout le monde s'accordait à proclamer des plus calme. Vous y récoltez une nouvelle citation à l'Ordre du Corps d'armée ; puis, c'est encore l'Argonne, la Somme. En 1917, c'est le front de l'Aisne, la dure affaire du Chemin des Dames. Encore une citation et un nouveau grade, puisque vous êtes nommé chef d'escadron.

L'année 1918 vous retrouve toujours vaillant, toujours infatigable, dans la région de l'Oise tout d'abord, puis dans celle de la Marne, lors de la deuxième offensive allemande et de la contre-offensive française. Après avoir passé quelques semaines aux côtés des Américains en Lorraine, vous revenez enfin sur l'Aisne, où s'achève votre carrière effectivement guerrière, et où vous récoltez encore, pour ne pas en perdre l'habitude, une nouvelle citation.

A peine l'armistice signé, votre activité traditionnelle vous invite à vous tourner vers la reconstitution des régions dévastées jusqu'à la fin décembre 1918, puis, après un court séjour à Metz, vous êtes enfin affecté au contrôle des Administrations allemandes dans le Palatinat.

Les solides études de droit que vous avez faites comme lieutenant à Poitiers, vous ont été d'un précieux secours dans les fonctions si délicates que vous avez remplies à la Haute Commission interalliée des Territoires rhénans, puis dans votre mission de liaison auprès de la Préfecture allemande de Trèves, en vue d'assurer l'exécution du traité de Versailles en ce qui concerne les détails de l'occupation de la rive gauche du Rhin par les troupes alliées.

Vous avez été fait officier de la Légion d'honneur le 16 juin 1920, puis avez pris votre retraite (un peu anticipée, penseront vos meilleurs amis, mais sur des promesses qui n'ont peut-être pas eu tout leur effet... C'est assez fréquent). De toutes façons, vous conservez, à titre civil, vos fonctions éminemment délicates jusqu'au 1er mars 1926, où vous revenez effectivement vous fixer parmi nous.

J'aurais pu allonger beaucoup cet exposé, insister notamment sur les recherches que vous avez effectuées au cours de votre carrière militaire dans toutes les bibliothèques et dépôts d'archives mis à votre disposition. On vous doit diverses études très documentées sur les rapports entre les habitants et les troupes au XVIIIe siècle. On vous doit aussi un ouvrage plein de philosophie intitulé : « Sur la Lande », que j'ai lu avec beaucoup de plaisir et aussi avec quelque tristesse, plaisir de rencontrer un écrivain de haute maîtrise, tristesse de voir, sinon inemployées, du moins insuffisamment employées, des qualités militaires qui devaient se manifester si brillamment pendant la guerre. Votre volume, écrit sans prétention, est touchant comme un livre de famille, et aussi plein de vues prophétiques sur les événements de 1914.

Rares sont ceux, qui, comme vous, ont su prévoir et ont su se préparer. Votre âme et celles de vos hommes étaient au diapason voulu, lorsque s'ébranla, dans toutes les églises de France, le tocsin qui nous étreignit, angoissés, le 1er août 1914... Dans le jardin de ma mère, les lilas étaient déjà défleuris. Nous y étions réunis nombreux ce jour-là, en une ville qui devait subir, quelques jours aprés, les horreurs de l'invasion. Nous attendions... La voix d'airain de la vieille cathédrale proche sonna l'heure inouïe. Nous nous embrassâmes en pleurant, comme, en Bretagne, le pied à l'étrier, vous embrassâtes certainement les vôtres.

Je crois avoir outrepassé les crédits de temps et surtout de confiance que vous m'aviez accordés. Je m'en excuse, mais le devoir était impérieux de dire tout ce que j'avais à dire.

Mon cher Collègue, je suis heureux de vous recevoir membre titulaire de l'Académie Delphinale.

LES CARNETS DE CAMPAGNE DU COLONEL D'AGOULT

Discours de Réception à l'Académie Delphinale

DE

M. le Colonel LEMAITRE

Séance du 23 novembre 1928

Il se trouve, Messieurs, qu'en m'acquittant enfin aujourd'hui d'un devoir que la reconnaissance, plus encore que le règlement, aurait dû me dicter depuis longtemps, je suis obligé, à l'exemple de l'homme à l'esprit aussi cultivé que fin, auquel vous m'avez fait l'honneur de succéder, de faire, comme lui, appel à votre indulgence.

M. J. Chauvet le faisait en des termes si heureux que vous me permettrez de vous les redire. Aussi bien, et c'est encore pour moi un autre sujet de confusion, nombreux sont, parmi vous, ceux qui ne les ont point entendus, tellement j'ai tardé à lui rendre un hommage qui me tenait cependant bien à cœur, en raison des vieilles relations d'amitié et de voisinage qui unissaient et unissent encore nos deux familles.

Tous deux, en effet, nous étions originaires de cette région du haut Dauphiné, qui se console généreusement de l'abandon dans lequel on l'a trop longtemps tenue, en dispensant maintenant aux blessés de la vie, les bienfaits d'un ciel toujours pur et d'un chaud soleil qui brave victorieusement les rigueurs d'un hiver, source lui-même de vivifiants sports. Voyez avec quel charme il sait la décrire et combien à ce cœur bien né était cher l' « angulus terrarum » du poète et du sage.

« Des soucis et des traditions de propriétaire rural, *addictus glebæ*, me retinrent souvent loin de vos travaux, dans mon pays d'origine, les Hautes-Alpes, vers la vallée moyenne de la Durance et celle de son affluent, le Buëch. Cette région, plus provençale que dauphinoise, n'offre point, comme on serait tenté de le croire, un climat âpre et désolé. Le ciel y est d'un limpide azur, couleur robe d'ange, suivant l'expression populaire ; à ce bleu très léger, très délicat, se mélangent, en toutes saisons, des teintes plus vives, avec des dégradations infinies à désespérer un coloriste. Généralement, lorsque les nuages s'y montrent, ils sont vite chassés en quelques heures par l'impitoyable bise, sœur germaine du mistral. »

Soucis de propriétaire, certes, car son activité trouvait à s'employer sous les différents cieux de notre région haut-alpine, en même temps qu'il prodiguait partout des conseils désintéressés et autorisés, et les preuves de sa délicate bienfaisance pour les pauvres, connue des seuls et nombreux bénéficiaires, dans les Alpes comme à Grenoble.

Il savait aussi se faire apôtre, et c'est lui qui, dès mon retour à Grenoble, vint m'enrôler dans les Conférences de Saint-Vincent-de-Paul.

Historien averti de toute l'histoire du Dauphiné, il avait réuni dans sa bibliothèque de nombreux et intéressants ouvrages, où il puisait ses communications si documentées, dont profita la Société d'Etudes des Hautes-Alpes, qu'il présida. Nul doute qu'il eut accédé à l'aimable requête de votre Président, M. Ferrand, qui, en le recevant, lui demandait de ne pas oublier la compagnie où on l'avait si longtemps attendu.

Si j'ajoute, enfin, qu'élève remarquable de votre Faculté de Droit, il était, au dire de son plus vieil ami, qui me touche aussi de très près, en possession d'une science juridique qui n'avait pas besoin de la triple hermine du docteur pour s'affirmer, vous jugerez, comme vos prédécesseurs, qu'un pareil labeur méritait bien, même de la part du plus strict, mais aussi du plus aimable des secrétaires perpétuels, les circonstances atténuantes les plus larges.

Il devait terminer trop tôt sa vie de travail et de dévouement dans cette charmante propriété de la Tourronde, près de Gap, entouré de sa belle et nombreuse famille, qui aime toujours à s'y réunir en rappelant à la génération qui monte les exemples du chef disparu.

J'aurais de grandes raisons de penser que vous ne sauriez user envers moi, qui n'ai pas les mêmes excuses à invoquer, de la même indulgence si, de votre bienveillance, vous ne m'aviez déjà donné une grande preuve en admettant dans vos rangs le soldat qui, la guerre terminée, et les espoirs de toute sa carrière réalisés par la victoire, reconstitua son foyer dans cette ville de Grenoble, où des liens anciens de familles et de solides amitiés l'attiraient. Et ici, je me plais à rappeler le souvenir de l'homme excellent, qui était alors un de vos Doyens, M. Albert Helly. Il fut mon parrain parmi vous, et je suis persuadé que c'est à sa recommandation, et aussi à l'armée que vous désiriez honorer en la personne d'un de ses membres, beaucoup plus qu'à mes titres, bien modestes, que j'ai dû vos suffrages.

C'était là, me direz-vous, une raison de plus pour nous en remercier au plus vite. Vous m'en voyez convaincu, mais il fallait, pour cela, passer par l'épreuve particulièrement intimidante d'un discours académique.

Mes premiers essais oratoires, et qui n'eurent, du reste, que mon examinateur pour confident, datent, en effet, de mon baccalauréat. C'était encore l'époque du discours latin, et j'ai toujours présent à la mémoire les phrases pompeuses que, me substituant à Louis XIV, j'adressais au futur roi d'Espagne. J'étais particulièrement fier d'un « *Et jam nulli sunt Pyrenæi montes* » par lequel je clôturais ce pénible pensum. Le correcteur fut peut-être de mon avis, puisque je fus admis, mais ce vieux souvenir ne suffisait pas à me réconforter, car j'avais trop nette la notion de mon incapacité à traiter, avec un minimum d'élégance de langage, un sujet susceptible d'intéresser un auditoire aussi averti que le vôtre.

Néanmoins, je m'y efforçais. Plusieurs d'entre vous furent les confidents de mes hésitations, car, successivement, j'ai songé à vous entretenir, en ma qualité de haut alpin, des nombreuses familles issues de cette région, venues s'implanter dans la capitale de la province ou dans ses environs, et dont les représentants nombreux ont compté ou comptent encore dans vos rangs.

Grenoblois intermittent, j'ai essayé de mettre sur pied une étude des milices bourgeoises de la ville, les ancêtres des Gardes nationales.

Soldat, enfin, j'aurais pu détacher quelques feuillets de mes carnets de campagnes, choisis parmi ceux qui auraient été le mieux susceptibles de mériter votre attention.

Dans cette enceinte où la petite comme la grande patrie sont également aimées et servies, ces essais eussent, je le sais, trouvé un bienveillant accueil. Et cependant, chaque fois, je trouvais de bonnes raisons pour écarter l'un et l'autre.

Tantôt, je me sentais trop peu au courant de notre histoire provinciale, et ce m'était une raison de plus pour déplorer la brusque disparition de M. Chauvet qui eut été, pour moi, le guide le plus sûr.

D'autre part, après quelques recherches, du reste intéressantes, aux archives, je me rendais compte de la difficulté que j'éprouverais à esquisser, même imparfaitement, la vie des milices bourgeoises, où cependant les épisodes pittoresques s'entremêlent souvent à ceux d'une histoire qui, aux époques troublées des guerres de Religion notamment, ne manquaient pas d'imprévu.

Vous parler de la dernière guerre, enfin, n'était-ce pas osé de ma part, après que cette épopée avait eu, parmi vous, en prose et en vers, des narrateurs plus autorisés ? Il me fallut enfin céder aux aimables instances et aux encouragements de votre Président. Et c'est de souvenirs de guerre que je viens encore vous entretenir. Ce ne sont pas les miens, et, avec leur auteur, qui porte un nom bien dauphinois, nous allons opérer un retour vers cette autre épopée que sont les guerres du premier Empire. Les carnets du colonel d'Agoult nous donnent, avec beaucoup de brio et d'humour, un aperçu de ce qu'était alors la vie d'un régiment de cavalerie et particulièrement pendant la guerre d'Espagne.

Ce régiment, le 4e dragons, beaucoup de Dauphinois y ont servi durant les nombreuses années où il tint garnison à Chambéry, et lorsque j'y arrivai en 1886, mes camarades évoquaient avec joie la bonne fortune, qui, de temps à autre, les détachait auparavant à Grenoble, pour commander l'escorte du Général commandant la Division.

Chargé, en 1894, de rédiger son historique, je pus obtenir communication des souvenirs du colonel d'Agoult, et, grâce à eux, l'énumération toujours ingrate de faits et de dates que constitue ce genre d'ouvrage, surtout, et c'était le cas, quand la rédaction en est confiée à un novice débutant, s'agrémenta de récits vécus et qui auraient mérité une autre publicité. Je voudrais que, grâce à eux encore, l'épreuve que je vous inflige ne fut pas trop pénible à votre bienveillante attention.

Voici d'abord le portrait que le jeune sous-lieutenant, qui arrive du 12e léger, nous trace sans méchanceté, du reste, mais non sans malice, du Commandant du dépôt du 4e dragons :

« En arrivant à Moulins, j'allais voir le major Théron. Ce vieil et brave officier me fit le meilleur accueil. Il était de Nîmes et sa figure et ses mains coupées de coups de sabre disaient assez qu'il n'avait pas passé sa vie dans un dépôt. Ses manières étaient franches et simples, comme celles d'un vieux soldat ; avec lui, on était bien vite à l'aise. Dès le matin, on voyait ce brave homme commencer ses voyages à l'hôtel de l'Allier et aux petits verres ; de là, il se rendait au quartier, visitant les magasins d'habillement et de harnachement, puis, repassant le pont, il retournait invariablement à l'hôtel de l'Allier et aux petits verres, pour recommencer encore. Sa tenue n'avait rien d'imposant et il ne tracassait pas les officiers sur ce chapitre ; une veste de chasse, une casquette grise à visière, d'immenses bottes à l'écuyère, une énorme clef dans les mains (celle du magasin), tel était le costume du digne major du 4e dragons, bien connu de tous les habitants de Moulins. Il aimait la jeunesse, et nous fîmes bientôt une paire d'amis. Quelle différence entre mon existence à Moulins et celle que je menais à Selestat ! Mais il faut être juste : au dépôt du 4e, il y avait deux ou trois officiers et trente ou quarante dragons ; au 10e léger, il y avait dix à douze officiers et cinq ou six cents hommes. »

Les loisirs du lieutenant d'Agoult ne seront pas de longue durée et il ne tardera pas à recevoir une mission aussi ingrate que difficile, dont il se tirera, du reste, à son honneur.

Ecoutons-le nous narrer d'une plume toujours alerte, et la formation de son détachement de renfort, et son long voyage à travers les provinces de France et d'Espagne. Les heureuses descriptions s'entremêlent de justes considérations sur la guerre, et d'épisodes très pittoresques.

« Le 4e dragons était alors sous Cadix, aux colonnes d'Hercule, j'avais, pour le rejoindre, 400 lieues à parcourir ; c'est un assez joli ruban. J'étais certain, du moins, qu'il ne s'éloignerait pas davantage. L'instruction des dragons était confiée à un vieux maréchal des logis. Sentant la nécessité de me mettre au courant des détails de l'école du cavalier, je ne manquais pas, deux fois par jour, aux leçons et j'en profitais pour mon compte. Je montais les chevaux de troupe, afin de m'habituer, car le major m'avait prévenu que je ne tarderais pas à partir, étant le seul officier disponible. Un vieux capitaine malade avait un cheval à vendre. Ce brave homme n'aurait pas voulu tromper un jeune officier qui allait faire campagne. Je lui proposai donc d'acheter son cheval, m'en rapportant tout à fait à sa loyauté.

Je n'oublierai jamais avec quelle dignité et quel désintéressement me répondit ce vieil officier. Le marché fut rapidement conclu. Le cheval, lorsqu'il fut harnaché à neuf, me fit honneur d'abord, et, de plus, fit ma route jusqu'à Cadix. Lors du siège de Badajoz, il eut le pied brûlé dans les cendres d'un feu de bivouac.

Hommes et chevaux manquaient, et cependant le Ministre pressait toujours le départ d'escadrons imaginaires. Toût ce qu'il fut possible de réunir, ce fût un détachement de trente dragons à cheval et encore, parmi eux, se trouvait un brigadier ayant la fièvre. Sur une réclamation, le major me dit :

— La route guérira cet homme.

— Mais, ajoutai-je, le trompette Leblanc demande, avec raison, à ne pas partir, car il est borgne.

— Il faut, dit le major, l'envoyer à la salle de police.

Quelques jours avant le départ, il me répétait :

— Vous avez un détachement qui vous fera honneur en arrivant.

Je doutais fort de cela en songeant à cette immense péninsule à traverser de la Bidassoa à Cadix ; et cependant, il se trouva que le vieux major ne s'était pas trompé. Je ne laissai en route, ni un homme, ni un cheval.

Ma maison se composait de mon cheval d'escadron, d'un second cheval excellent que j'avais payé 30 francs à une vente de chevaux de réforme. Ce cheval avait reçu une balle à l'épaule, ce qui ne l'empêchait pas de faire les plus longues marches sans boiter. Mon domestique le montait et avait derrière lui un énorme porte-manteau. Ce fut en cet état que je partis, à la tête de mon détachement, pour le pays de Don Quichotte.

J'ai souvent entendu dire que le métier de fantassin n'est pas plus pénible que celui du cavalier. Ayant fait consciencieusement le métier d'officier d'infanterie et celui d'officier de cavalerie, je déclare qu'il n'y a aucune comparaison à faire. Une étape à pied fatigue, absorbe l'attention. On n'a ni le courage ni la facilité d'examiner le paysage ; arrivé au gîte d'étape, un peu plus ou un peu moins fatigué, on ne pense guère à voir ce qu'il y a de rare ou d'intéressant ; on songe à manger puis à se reposer, afin de pouvoir recommencer le lendemain. L'officier de cavalerie, sur son cheval, découvre au loin les sites, observe les paysages. Dans l'infanterie, une étape était, pour moi, une véritable fatigue et me répugnait ; dans la cavalerie, c'était une promenade et presque toujours une distraction ou un plaisir.

Lorsque du centre de la France on voyage vers les Pyrénées, on parcourt les plus fertiles et les plus belles contrées. La nature semble avoir voulu tout prodiguer à cette terre privilégiée. A la tête de mon détachement, ce voyage fut pour moi une promenade charmante. Mes dragons, qui n'étaient pas tourmentés, bien logés, bien nourris, voyageaient aussi en touristes, admiraient les beaux paysages et souriaient aux célèbres vignobles. Pas un cheval n'était mal soigné, pas un n'était blessé. Ce fut ainsi que j'arrivais à Bayonne. Mais là, la scène allait changer, et notre existence aussi.

Le lendemain, j'allai porter la situation de mon détachement au général ; il me dit qu'il ignorait le jour où je pourrais partir, parce qu'on ne voyageait pas en Espagne comme en France, et qu'on ne faisait passer les Pyrénées qu'à de fortes colonnes.

Le général me prévint enfin qu'un convoi était organisé sous l'escorte d'un détachement d'infanterie, et que je ferai partie de cette colonne. Le jour venu, il se trouva une quantité de voyageurs isolés, militaires et civils, qui se réunirent sur la place, afin de profiter de l'escorte pour voyager en sûreté : naturellement, chacun chercha à se joindre à mon petit détachement, ce qui me donna une certaine importance.

La guerre d'Espagne inquiétait tout le monde. Un peuple entier se levant, en attendant ses ennemis, la nuit, le jour, sur la grande route, derrière les buissons, commençait à fatiguer même les plus braves. Nos meilleurs régiments fondaient comme neige sous les balles des guerilleros ou sous l'influence du climat. On faisait un tableau très sombre de la situation, et il n'était pas chargé.

Dès les premiers jours, je m'aperçus que le convoi tenait une si grande étendue, était tellement en désordre, que si nous eussions été attaqués, je ne sais ce qui serait arrivé.

Je me mis à l'avant-garde et je marchai dans le meilleur ordre ; les officiers d'infanterie avaient des soldats de plus de vingt régiments qui obéissaient assez mal ; ils placèrent cependant un détachement au centre de la colonne et une forte arrière-garde pour protéger la queue de cet immense serpent. Ce fut ainsi que nous passâmes la Bidassoa et que nous pénétrâmes sur cette terre espagnole qui nous dévora tant de soldats.

Notre convoi mit, je crois, vingt-cinq ou trente jours de Bayonne à Madrid. Triste et monotone route, à travers d'immenses plaines fertiles sans doute, mais où l'on voit très peu d'arbres, point d'eau, mais en revanche de la poussière et toujours des cigales, ce qui me faisait souvent penser à ma chère Provence. Il était aisé de voir qu'à cette époque, en Espagne, l'agriculture et le commerce étaient à peu près nuls, que le peuple y était pauvre ; mais aussi il faut si peu de choses à un espagnol pour vivre. »

Le convoi arrive à Madrid. Une désagréable surprise y attendait notre jeune lieutenant qui était en droit d'espérer d'autres distractions dans la capitale de l'Espagne.

« Pour mon début dans la capitale, le général Belliard, qui en était le commandant, me mit à la forteresse du Buen-Retiro, aux arrêts forcés pour huit jours. Je lui fis observer que j'étais le seul officier de mon détachement et dans une grande ville la discipline, ainsi que la surveillance des chevaux, aurait peut-être à souffrir de mon absence. Il me dit que ma conduite envers les douaniers d'Irun était un fait grave qui ne pouvait être toléré, qu'au surplus je pourrai sortir pour le service. Je me rendis donc au Retiro, aux arrêts.

Voici ce qui s'était passé à Irun :

Les douaniers espagnols sont très sévères pour l'entrée du tabac français. Je savais que les dragons en avaient tous une petite provision, et en arrivant à la douane, je dis au chef que je le priais de ne pas être trop long dans sa visite. Il ne tint aucun compte de mon invitation. J'eus alors le tort de dire aux dragons : « A cheval ! ». Cet homme, craignant d'être bousculé, se sauva furieux et fit sans doute un rapport exagéré : voilà comment les arrêts m'attendaient à Madrid. »

Et voilà aussi une preuve qu'on ne badinait pas avec la discipline dans les armées impériales.

« On organisa à Madrid une forte colonne pour la sûreté d'un immense convoi destiné à l'armée d'Andalousie.

Notre nombre et notre bonne attitude firent sans doute comprendre aux espagnols qu'ils n'auraient pas facilement nos caissons et les belles calèches des dames françaises qui allaient visiter les merveilles de Grenade, de Cordoue et de Séville, et nous traversâmes sans événements Aranjuez, le Versailles de l'Espagne, les riches vignobles de Valdepenas, où l'on récolte, dit-on, le meilleur vin rouge de l'Espagne.

Arrivé à Séville, 30 lieues me séparaient encore du régiment. J'en avais déjà fait 400. Hommes et chevaux étaient en parfait état, chose rare. C'était pour moi une juste satisfaction d'amour-propre.

Près du port Sainte-Marie, nous passâmes à portée des batteries de l'île de Léon. Les soldats du génie avaient planté le long de la route des branches d'arbre. Les voyageurs passaient ainsi à peu près inaperçus et on ne tirait pas sur eux. »

Le camouflage, vous le voyez, ne date pas de la dernière guerre.

« Je traversai Xérès, célèbre par son vin. Le couvent des Chartreux de cette ville devait avoir des caves inépuisables, car il fournit pendant des mois entiers la distribution de vin au corps d'armée. »

Et voici le premier contact avec le régiment. Vous goûterez certainement la description du paysage, le récit de l'accueil fait aux jeunes par les anciens, le portrait du colonel et de son corps d'officiers.

« Au milieu de la poussière, je vis briller au soleil quelques casques ; c'était un détachement du régiment qui allait chercher le vin. Il était précédé d'ânes qui portaient chacun deux petits barils, ou plutôt deux peaux de bouc goudronnées. Je fus frappé de l'air martial de nos vieux dragons, mais les habits étaient rapiécés. De leur côté, ils ouvraient de grands yeux en rencontrant par les chemins de jeunes camarades qui venaient sans s'arrêter de Moulins. Quelque temps après, on me montra, dans le lointain, des maisons perchées au sommet d'une colline. C'était le but de mon voyage, Vejer de la Frontire, séjour du 4e dragons et d'un bataillon du 95e de ligne, nos bons camarades, qui nous disaient en riant qu'ils étaient là pour nous garder. On comprenait difficilement, en effet, que le maréchal Soult eut perché 500 chevaux à cette hauteur.

Tandis que je montais lentement les nombreux lacets de la route, le détachement fut aperçu de la promenade de Vejer, le bruit se répandit aussitôt que c'était un détachement qui arrivait de France. Grand événement ! Dragons, fantassins, et même les habitants accoururent et je fus accueilli par la plus affectueuse bienvenue. Si loin de France, nous étions les frères cadets qui venaient rejoindre leurs aînés. Je ne sais comment l'on me trouva, mais je fus touché de tant d'amitié, et je le laissai voir.

L'adjudant se chargea de mon détachement et je me rendis chez le colonel Farine, qui était avec une nombreuse et élégante société sur un balcon à la mode espagnole. Il était logé chez une Marquise, dans la meilleure maison du pays. Je fus très bien reçu par ce bon colonel. L'oisiveté et la curiosité aidant, mon arrivée fit presque autant de bruit dans la petite ville de Vejer qu'un combat de taureaux. Combien j'étais heureux et tranquille d'être enfin au régiment, dans ce cher bon quatrième, où j'ai appris à estimer les hommes en voyant de si nobles caractères, de si généreux sentiments !

Nous étions vingt-deux officiers, dont un seul avait 21 ans, c'était moi. Tous les autres étaient dans la maturité de l'âge. C'était comme une famille unie par une douce habitude d'indulgence et d'amitié. Je n'ai jamais vu un corps d'officiers s'occupant aussi peu de banquets ou de fantaisies d'uniformes. Mais il y avait là des hommes coulés dans le moule ; des Bayard et des Lanoue, de ces hommes qui sont l'exemple et maintiennent le bon esprit d'un régiment. Autour de leur chef, vingt braves officiers, à 400 lieues de leur pays, de leur famille, n'ayant d'autre société qu'eux-mêmes, conservaient toute leur énergie et même leur gaieté. »

Si je mets à part tout ce qui relève de l'état de guerre, il me parut, lorsque soixante-quinze ans après, j'arrivais au 4e dragons, que toutes ces traditions de bon esprit et de camaraderie s'étaient fidèlement conservées.

« L'état de guerre, poursuit notre jeune lieutenant, n'empêchait même pas les courses de taureaux. A l'un de ces spectacles si populaires, le colonel Farine eut la malencontreuse idée de vouloir entrer dans le cirque sur son cheval d'escadron et suivi de son dragon d'ordonnance. Les alcades et les toréadors le prièrent inutilement de renoncer à cette idée digne de Don Quichotte. Il commandait, et comme il était brave, il se fit ouvrir la barrière et marcha droit au taureau. On l'a dit depuis longtemps : œil du public est aiguillon de gloire ; devant la Marquise et en présence de toute la population et de tout son régiment, le colonel provoque le taureau et lui porte un coup de sabre.

Grands applaudissements, mais la bête furieuse, sans respect pour ses épaulettes, se précipite sur le colonel qui fut désarçonné. Le dragon qui l'accompagnait était, heureusement, aussi vigoureux qu'adroit, et d'un coup de sabre homérique fend si bien la tête de l'animal qu'une des cornes fut à moitié coupée. Ce furent alors des cris frénétiques. On détourna le taureau et le bon colonel se retira plus heureux que sage, mais non corrigé.

Quoiqu'il eut dépassé la quarantaine et qu'il fut déjà un peu lourd, il avait la manie des passes d'armes. »

Si ce n'était pas, et il s'en faut, la guerre en dentelles, il y avait toutefois des périodes de trêve où la galanterie française ne laissait pas que de se montrer sensible aux charmes des beautés andalouses.

La dure campagne de 1811 vint, du reste, bien vite mettre fin à ces distractions de la vie de cantonnement.

« Le moment vint enfin de quitter Vejer. Le régiment y laissait des amitiés et emportait des regrets et des souvenirs. Cependant, nous fûmes heureux de retrouver la plaine et l'usage de nos chevaux. L'armée se concentra à Vejer pour aller faire le siège de Badajoz.

Le Maréchal réunit tout ce qu'il put de monde dans une plaine près de Séville, et fit une petite allocution, un peu gasconne, mais énergique. Il dit aux soldats qu'on allait avoir des marches difficiles, que chacun d'eux aurait trois ennemis à combattre, que ceux qui ne se sentaient pas assez de courage pouvaient sortir des rangs. Un corps d'armée peu nombreux, mais d'excellentes troupes, partit donc de Séville. Le régiment en faisait partie. Après de longues marches et plusieurs affaires, l'armée anglo-espagnole fut rejetée en Portugal ou s'enferma dans Badajoz.

Le régiment chassa quelques bataillons espagnols jusque sur les glacis, et envoya un détachement de dragons à pied, afin de faire rentrer dans la place cette infanterie. Bientôt, on rapporta blessé un nommé Duvivier, un des meilleurs dragons du régiment. J'allais à lui et lui pris la main ; il me répondit tranquillement : « J'ai mon affaire ». Il mourut peu après des suites de sa blessure.

Presque au même moment, à quelques pas de là, un boulet ricochant dans les cailloux, un éclat de pierre atteignit au paturon un des chevaux du général, certainement le plus précieux de son écurie, un de ces chevaux à la robe bronzée, dont la race n'existait alors que dans le haras d'un des plus riches seigneurs de l'Espagne, le comte d'Altamira. On parla beaucoup plus de la blessure du jeune cheval que de celle du vieux dragon.

La cavalerie n'aime pas à camper, elle est bientôt épuisée à ce métier, mais nous avions si peu de troupes qu'il fallait les avoir toutes sous la main pour repousser les sorties de la ville et les attaques de l'armée de secours. Nous voilà donc installés au bivouac avec le 27e chasseurs, ce qui lui convenait aussi très peu ; mais tandis que le colonel Farine logeait dans une mauvaise baraque faite par nos sapeurs (on disait, en langage de 1915 : une cagna), le prince d'Arenberg, qui commandait le 27e chasseurs, eut la chance de trouver, à quelque distance, une brasserie où il s'établit. Quel bonheur pour un Belge de trouver une brasserie en Espagne ! L'eau même manquait dans notre bivouac. Il fallait aller la chercher très loin. Le colonel avait recruté je ne sais où, un pauvre moine dont il avait fait son cuisinier ; ce pauvre homme allait chercher l'eau pour la cuisine. Les dragons le guettaient et lui passaient leurs bidons autour du corps, de sorte qu'il revenait chargé et écrasé de bidons pleins d'eau, et chacun de crier : « Pepe, mon bidon ! ». Fra Pepe charmait le bivouac par ses chansons espagnoles, mais c'était un détestable cuisinier. »

Réduit à 270 cavaliers par les pertes subies, notamment à la bataille de l'Albuera et au malheureux combat d'Usagre, le 4e dragons est envoyé, comme on le fit durant la dernière guerre, en cantonnement de rafraîchissement, comme on les appelait alors, en vue de sa reconstitution. Son colonel, le matador de Vejer, avait été fait prisonnier à Usagre dans des conditions que relate le lieutenant d'Agoult.

« Dans une de ces affaires, le 4e et le 20e dragons, trop vite engagés, se trouvèrent aux prises avec toute la cavalerie anglaise et furent ramenés un peu vivement dans le défilé d'Usagre, où le colonel Farine eut son cheval tué sous lui. Il ne put se dégager et au moment où un brave dragon lui offrait son cheval, enveloppés tous deux par la cavalerie anglaise, ils furent faits prisonniers. Ce dragon, nommé Herbut, doit être cité, car de pareilles actions sont rares. Quoique prisonnier de guerre, il fut nommé chevalier de la Légion d'honneur. »

Quelques incidents animent, du reste, cette période de repos relatif. Le lieutenant d'Agoult nous narre notamment une petite expédition commandée par lui et partie de Patos pour aller à Mogger enlever Don Luiz Pincon, le descendant du compagnon de Fernand Cortez, soupçonné de menées antifrançaises. Ces noms évoquent le fameux sonnet de Heredia :

De Palos, de Mogger, routiers et capitaines...

Le successeur du colonel Farine arrive le 7 octobre 1811.

« Il arrive enfin, et le 4e dragons n'eut pas à se plaindre. Le colonel Bouquerot n'avait ni le ton, ni l'instruction du colonel Farine, mais c'était un officier simple de caractère, sobre de paroles et d'une grande bravoure. Nous le jugeâmes très bien à ses manières, à ses paroles et à une énorme balafre rapportée d'Egypte.

Après la visite de corps que nous lui fîmes, le commandant Baillot, qui aimait la table et la bouteille, se mit à dire :

— Quand le colonel Farine arriva, il nous dit : « Messieurs, nous apprendrons à nous connaître à la table et au feu ». Celui-ci ne parle pas aussi bien, mais il a l'air d'un solide lapin ».

Au sujet du commandant Baillot, qui jugeait son chef avec cette rondeur toute militaire, le colonel d'Agoult cite un fait qui témoigne combien l'Empereur se souvenait des plus petites choses :

« Le commandant Baillot avait été, dans sa jeunesse, un officier distingué : puis, le café et d'autres causes lui firent perdre les plus belles occasions de faire son chemin. Pendant la campagne de 1805, la compagnie d'élite du 4e dragons était attachée au quartier général de l'Empereur, pour le service du prince Berthier. Le capitaine Baillot commandait ce magnifique escadron. Le major-général prince Berthier présenta un jour à la signature de l'Empereur la nomination de M. Baillot au grade de chef d'escadrons. L'Empereur la mit de côté en disant : « Je ferai M. Baillot officier supérieur quand on ne verra plus son cheval attaché à la porte des cafés ».

Les désastres de l'expédition de Russie ont eu leur influence sur les opérations en Espagne, et l'Andalousie, ainsi que tout le Midi, avaient été évacués.

Le régiment cantonne à Villafranca, et, promu récemment capitaine, notre narrateur relate deux faits qui peignent bien les mœurs militaires de l'époque :

Pendant notre séjour dans cette charmante petite Capoue, le 26e régiment, dans une de ces marches, vint y coucher. Le 4e et le 26e étaient deux régiments frères. Les officiers étaient heureux de se retrouver ensemble, ce qui arrivait trop rarement. Cette réunion fut donc pour tous un jour de fête et de festins pantagruéliques. Il n'y eut pas de billets de logements donnés ; on doubla simplement, c'est-à-dire que depuis le colonel jusqu'aux trompettes, chacun offrit l'hospitalité à son confrère.

Malheureusement, et voici l'autre épisode bien regrettable, la joie de cette fête fut troublée par un de ces événements trop communs entre gens de guerre. Il existe dans chaque régiment des amateurs et des professeurs de duels. Ce sont, en général, les maîtres d'armes et on ferme les yeux sur ce déplorable abus, parce que ces hommes, ayant une certaine autorité dans les affaires d'honneur, en arrangent beaucoup et maintiennent en même temps l'esprit militaire.

L'habile tireur, le raffiné d'honneur du 4e était le maréchal des logis Piot, héroïque cavalier décoré, et qui eut été fait officier si sa mauvaise tête ne l'eut porté à des actes de violence et d'indiscipline. On plaignait cet homme, car il avait de grandes qualités. Au régiment, il avait une véritable influence sur les dragons tapageurs, réglait les duels et prenait toujours la défense du bon droit et des plus faibles. Il était d'ailleurs un très dangereux duelliste et avait un poignet de fer.

Le maître d'armes du 26e, nommé Lerat, avait aussi une terrible réputation, et était très habile tireur. Piot était peut-être jaloux de sa renommée. Il prétendit qu'il aurait une explication avec Lerat, parce que celui-ci avait permis un duel d'un jeune dragon avec un maître d'armes du 26e. L'arrivée du régiment amena fatalement cette explication qui, entre gens de cette trempe, ne pouvait être qu'un duel à mort.

Les deux maîtres duellistes se rendent en effet sous l'arche d'un pont avec leurs témoins, et là, avec autant de fureur que d'habileté, ils se battent et se portent des coups comme dans une salle d'armes.

Les témoins de cette extravagante lutte dirent que ce fut un spectacle plein d'anxiété que de suivre les coups rapides de ces deux lames. Enfin, Piot porta un coup mortel à Lerat et reçut lui-même une blessure grave. Je me promenais sous les arcades de la place avec quelques officiers du 26e quand nous vîmes passer un groupe de dragons portant un blessé sur un brancard ; c'était Piot. Quand il fut près de nous, il leva les bras en criant : « Je lui ai fait son affaire, il a son compte ».

Cependant, les occasions de montrer plus utilement sa bravoure ne manquaient pas, et nous avons, par le récit suivant, la preuve que les dragons les recherchaient.

Appelé à opérer une reconnaissance assez périlleuse, mon détachement, dit le capitaine d'Agoult, devait être fourni par toutes les compagnies.

Arrivé devant la mienne, je m'aperçus qu'elle était tout entière à cheval.

— Voilà bien plus de monde que nous ne devons en fournir, dis-je au maréchal des logis chef.

— Ma foi, mon capitaine, répondit-il, ils ont tous voulu monter à cheval.

Cette preuve d'attachement m'émut profondément et est restée un des plus chers souvenirs de ma vie. Ne pouvant emmener toute ma compagnie, il fallut bien faire mettre pied à terre à ces braves gens.

— Mais, leur dis-je, c'est à mon grand regret. »

Et voici ce qu'a vu de la bataille de Vittoria, dont la perte entraîna la retraite de l'armée française au nord des Pyrénées, le capitaine d'Agoult.

« Notre brave infanterie supporta tout le poids de la bataille. La cavalerie, elle, ne fut employée qu'au moment de la retraite et pour la soutenir. On nous oubliait en face de l'ennemi et nous nous demandions comment on ne faisait pas charger nos trente magnifiques escadrons pour donner à l'infanterie le temps de se reprendre.

Sur un mamelon, en face de nous, parurent deux officiers anglais à cheval ; ils examinèrent la position, disparurent un instant et revinrent. C'était l'artillerie légère anglaise. Nous vîmes parfaitement le chef faisant signe, avec son chapeau à grandes plumes, aux artilleurs d'arriver et d'établir leurs pièces sur cette hauteur. Tout cela, rapide comme le galop des chevaux. Nous comprîmes. Un instant après, les boulets enlevaient hommes et chevaux. Nous étions en masse serrée, et si on nous eut laissés là, c'eut été bientôt fini de la cavalerie. Pourquoi ne nous fit-on pas enlever cette artillerie ?... Sans doute, il était trop tard. Enfin, commença notre mouvement de retraite au pas, sans qu'un seul dragon songeât à aller plus vite. Cependant, cet accompagnement de boulets n'avait rien d'agréable. De temps en temps, hommes et chevaux étaient culbutés. Notre marche en retraite en bon ordre contint la cavalerie anglaise et notre infanterie put se retirer sans être inquiétée.

Une ligne de dragons tiraillait et arrêtait l'ennemi. J'étais parmi eux avec plusieurs de mes camarades. Un soldat d'infanterie chargeait tranquillement son fusil au milieu de nous. Je l'engageai à se retirer. « Je veux en descendre encore un », me répondit-il, et il ajusta son homme. Je ne voulus pas laisser ce brave soldat et l'attendis un instant, mais, pendant ce temps, cinq ou six hussards anglais s'étaient approchés et me serraient de près. Un officier du régiment vint alors se placer à côté de moi.

Il existait dans la plaine de nombreux fossés bordés de saules, qui étaient du reste une gêne pour les mouvements de la cavalerie. Un des fossés, plus large, arrêta le roi Joseph et un maréchal des logis du régiment lui vint en aide.

L'ennemi avançant toujours, finit par envahir le parc où étaient réunies les voitures de la cour, celles des familles espagnoles qui s'étaient attachées à nous, et aussi celles de l'artillerie et les fourgons du régiment. Tout fut pillé, jusqu'au sceptre, à la couronne et aux diamants du roi Joseph. Le modeste fourgon du régiment resta comme les autres entre les mains de l'ennemi, mais le quartier-maître eut le temps de confier à un secrétaire et à quelques dragons l'or et l'argent. La caisse fut ainsi sauvée. Le colonel avait pris à son service un petit espagnol. Le quartier-maître ne sachant où donner de la tête, l'aperçoit près du fourgon, l'appelle, lui glisse sous son bonnet un petit sac de quadruples et lui dit : « Porte cela au colonel ». C'était le trésor du colonel Bouquerot.

L'enfant n'avait qu'à rester et le trésor était à lui. Il se met à courir au milieu des scènes de meurtre et de pillage ; il parvient, par le plus grand hasard, jusqu'au colonel, ôte son bonnet, lui remet son or, et lui dit : « Seigneur colonel, je m'en vais à la maison ».

Le soir, le régiment était réduit de moitié, mais peu à peu beaucoup d'hommes rejoignirent.

En voyant le peu de monde qui lui restait, le colonel eut un mot touchant, sorti du cœur : « Voilà donc, dit-il, le 4e régiment de dragons ». Il me semblait entendre un vieux Troyen : « *Fuimus Troes* ».

Les simples officiers, comme moi, retrouvèrent leurs cantines. Les mulets passent partout. Je m'étais établi auprès du feu du colonel pour mon repas qui ne fut pas long. A chaque instant, il arrivait de pauvres Espagnols désespérés. Nous leur offrions de bon cœur notre pain et notre vin. Plusieurs dames, qu'à leur grand air et à leur toilette, on reconnaissait pour des personnes du plus haut rang, s'arrêtaient aussi à notre bivouac, où vint se reposer un instant le général Gazan qui avait succédé au maréchal Soult dans le commandement de l'armée... »

Il est, je crois, difficile de résumer aussi bien, en quelques lignes, les impressions d'une grande bataille et, hélas ! de la retraite qui la suivit, et cela sans oublier les anecdotes qui enlèvent à ce récit son côté trop technique.

L'armée d'Espagne est rentrée en France, elle s'y réorganise et les effectifs se complètent, aussi, lorsque le 14 janvier 1814, les événements survenus sur le Rhin, après la campagne de 1813 en Allemagne, forcent l'Empereur à faire appel aux vieux régiments d'Espagne, c'est, dit M. Thiers, à l'effectif de 30 officiers et de 600 dragons « noircis au soleil, rompus à l'exercice du cheval, armés de longs sabres de Tolède qui causaient, à chaque atteinte, des blessures mortelles », que le 4e dragons va dans les plaines de Champagne écrire une dernière page dans l'épopée ouverte pour lui à la bataille de Valmy en 1792.

Laissons donc le capitaine d'Agoult nous emmener avec lui une dernière fois des Pyrénées aux rives de la Marne, et nous dire les impressions de ses cavaliers, chez qui la joie de revoir la France était combattue par l'amertume que leur causait la pensée qu'ils la retrouveraient envahie et vaincue par ces mêmes ennemis qu'ils avaient battus à Ulm, à Eylau et à Friedland.

« La cavalerie allait avoir une longue et pénible route à faire avant que ses chevaux andalous se rencontrassent dans les plaines de Champagne avec ceux de l'Ukraine. Ce long voyage à travers la France fut la joie de nos vieux dragons. Ils étaient heureux d'entendre parler français, de dormir tranquilles et de recevoir un accueil empressé et cordial.

Nos vieux régiments, nommés les dragons d'Espagne, faisaient l'admiration des populations. Quatre ans de campagne n'avaient rajeuni ni les hommes, ni les uniformes, et leur tenue avait quelque chose de celle de Robinson dans son île. Beaucoup étaient habillés non en drap vert, mais en drap brun, ce qu'ils nommaient drap de curé, parce que plus d'un manteau de moine était devenu vêtement de soldat. Mais ce qui portait le plus l'empreinte du temps et de la décrépitude, c'étaient les casques et les bonnets à poils ; les crinières n'existaient plus et les bonnets à poils n'avaient plus que le cuir. Tout cela nous donnait un aspect extraordinaire. Mais nos chevaux andalous, si fins, si souples et si vigoureux, eurent un succès éclatant. Plus d'une fois, on cria : « Vivent les Andalous ! ». Quant aux officiers, nous étions reçus partout comme dans nos familles et rarement nous pûmes dîner réunis.

Hommes et chevaux étaient tellement habitués à la fatigue que nous n'en laissâmes presqu'aucun en route.

L'Empereur, dans une lettre au Vice-Roi d'Italie, cita la marche des dragons d'Espagne comme un exemple à suivre.

Ce ne fut qu'après avoir passé Limoges que nous commençâmes à voir l'inquiétude se propager. Plus nous approchions de Paris, plus on voyait les habitants effrayés, et plus les détails des opérations militaires devenaient graves. Bientôt, le nombre des voitures de poste venant de Paris augmenta tellement, que les chevaux manquaient aux relais. Du côté de Vierzon, le mouvement des voyageurs prit l'aspect d'une véritable fuite. Cela nous fit tous réfléchir.

En approchant d'Orléans, la panique se montra de tous côtés. Ce fut à Pithiviers que nous aperçumes les premières traces des cosaques. Deux jours après, aux environs de Fontainebleau, nous rencontrâmes pour la première fois la cavalerie russe. On lui tua quelques hommes. Un de nos cosaques avait si bien fait ses affaires depuis son entrée en France, qu'il àvait cinq vêtements sur le corps. Le maréchal des logis qui l'avait tué me dit naïvement : « C'est çà que ça ne pouvait pas entrer ! ».

Le 16 février, poursuit le capitaine d'Agoult, la grande route conduisant à Mornant suffisait à peine aux longues colonnes d'infanterie, de cavalerie et à une nombreuse artillerie. Tout cela sentait la bataille. J'allais à pied afin de me réchauffer. Blanchet, mon trompette et mon cuisinier, marchait à quelques pas de moi. « Regarde donc, lui dit en passant un de ses camarades, regarde ces gredins de corbeaux. En voilà-t-il et quels cris ils font. Bien sûr, il y aura bientôt des casques de reste ».

Une grande concentration de troupes se fit, pendant la journée, sur Nangis. Les champs gelés étaient sillonnés de colonnes de troupes en marche. On rencontrait des généraux, des officiers en mission. Le bruit courut que l'Empereur n'était pas loin. Notre établissement pour la nuit donna peu de peine. Chaque régiment se plaça dans un champ, sans eau, sans paille, sans feu et sans vivres. Il fallut donc s'en procurer dans les villages. Cependant, nous vîmes paraître quelques grosses charrettes de Paris. Les dragons se mirent à crier : « Du pain de Paris ! ». C'était nouveau pour nous, mais ces pains de Paris étaient un peu moisis. Bientôt, les dragons revinrent avec des provisions. Je vis même passer des bidons remplis de vin.

La nuit venue, d'innombrables feux brillèrent dans la

campagne. A notre gauche, de l'autre côté de la route, étaient campés les différents corps de la vieille Garde. En face et très près se trouvait une autre ligne de feux, immense, c'était l'armée des alliés. »

Et voici, après ce tableau si complet d'une veille de bataille, celui du combat de Nangis livré le lendemain et où, écrivait Napoléon à Augereau : « J'ai remporté la victoire avec une seule brigade de dragons arrivée la veille d'Espagne et presque sans avoir débridé ».

« Au jour, la joyeuse fanfare du matin nous avertit qu'il fallait s'occuper sérieusement de la journée. Les officiers visitèrent armes et chevaux. C'était de circonstance. Puis, vint le déjeuner qui fut gai comme à l'ordinaire.

A 9 heures, l'adjudant passa en criant : « Messieurs les officiers, à cheval ! ! ». Nous entourâmes le colonel et nous partîmes au galop pour être présentés à l'Empereur. Nous n'eûmes pas loin à aller. Les deux tentes, la grosse berline et les deux fourgons historiques se montrèrent bientôt. L'Empereur était debout auprès du feu. Nous fîmes cercle autour de lui. Il avait son petit chapeau, l'habit vert des chasseurs de la Garde, la redingote grise et les bottes à l'écuyère.

Il fit plusieurs questions au colonel, mais la canonnade devenant très vive, l'audience fut abrégée. « A cheval, Messieurs ! », nous dit l'Empereur. Le régiment était déjà en bataille. On fit former les pelotons, opération troublée plus d'une fois par les boulets russes, qui emportaient des files entières. J'étais devant mon escadron, lorsqu'un boulet, passant à côté de moi, fit un trou en terre. Je ramenais alors ma jument effrayée sur le trou même. A ce moment, un boulet coupa la tête du pauvre Blanchet, dont je vis le casque s'élever de deux pieds en l'air. Je pensais alors aux corbeaux de la veille. Le général Kellermann prit le commandement de la division de dragons. Il passa devant le régiment, parla au colonel, puis, regardant avec sa lunette la nombreuse infanterie russe en bataille massée devant nous, il dit simplement et sans forfanterie : « Dans une heure, toute cette infanterie sera à nous ».

En même temps, le colonel reçut l'ordre de marcher sur l'infanterie russe. Tout le régiment ne formait qu'une ligne. Les autres régiments chargeaient d'un autre côté. Nous nous mîmes au trot. Cette masse de cavalerie faisait un bruit sourd et offrait un spectacle imposant. Nous passâmes devant l'Empereur ; les sabres s'agitèrent et les cris de : « Vive l'Empereur ! » retentirent. Napoléon dit au commandant de l'escadron de service de la garde : « Suivez le mouvement des dragons ».

Avec une grande rapidité, l'infanterie russe s'était mise en carrés, laissant, en dehors, des tirailleurs, qui furent tous sabrés ou pris. Pas un de ces malheureux ne tenta de fuir ou de reculer d'un pas. Ils nous attendaient, tiraient sur nous à quatre pas, nous lançaient un coup de baïonnette, puis tombaient perçés de coups de pointe. Quelques dragons tombèrent aussi. Pour ma part, je fis trois ou quatre prisonniers.

Le régiment était encore très ensemble en arrivant au galop sur les carrés russes. En ce moment, cette infanterie calme, et visant surtout les officiers, fit sur nous, à bout portant, une fusillade très meurtrière. Là, nous perdîmes beaucoup de monde. Le capitaine Stheme, qui était à côté de moi, à ma droite, me crie : « Appuyez à gauche ! ». Je tourne la tête de son côté et je le vois qui étend les bras et tombe mort.

Voyant en face de moi un officier russe, je me précipite sur lui, espérant le renverser et pénétrer par là dans le carré. Mais il se retira et une baïonnette prit sa place devant le poitrail de ma jument. Je sentis soudain comme un violent coup de bâton sur la jambe droite et mon étrier m'échappe. Je voulus y remettre le pied, mais je ne le pus. Ma jambe resta pendante. Cependant, je ne tombai pas. Une balle ou un biscaïen venait de me casser la jambe. Un dragon m'aida à descendre de cheval ; mais il me fut impossible de m'appuyer sur mon pied. Deux dragons m'emportèrent. Je laissai là ma pauvre jument dont le biscaïen avait traversé le corps ; elle était déjà couverte de sueur, et tremblait de tous ses membres.

A quelques pas de là, je reconnais mon ami Stheme. Un peu plus loin, l'Empereur passa près de moi ; en voyant un officier blessé qu'on emportait, il mit ses mains l'une contre l'autre et les serra avec un geste d'intérêt. Un officier d'état-major vint me demander mon nom. On me déposa dans une ferme où se trouvait déjà un blessé du régiment. Il était couché, couvert de son manteau rouge de sang. Il me reconnut et me dit :

— Vous êtes blessé, mon capitaine ?...

— Oui, lui dis-je, j'ai la jambe cassée, et vous ?...

— Oh ! moi, répondit-il avec le plus grand calme, je suis perdu. Et soulevant son manteau, il me laissa voir que toute son épaule et le bras avaient été emportés. Cette horrible blessure me fit une profonde impression. »

Les souvenirs de guerre du colonel d'Agoult se terminent sur ces quelques mots échangés entre le dragon et son capitaine. La résignation du dragon, son mépris de la mort en disent plus que de longues phrases sur l'héroïsme de ces cavaliers.

Un siècle après ces événements, le 4e dragons, alors à Commercy, se trouva un des premiers engagés en Lorraine, et ses cavaliers, animés du même esprit de sacrifice que leurs devanciers, lui valurent par la suite, devant Mondidier et au Kemmel, deux magnifiques citations à l'ordre de l'armée, et par là même, la fourragère, qu'ils eurent la joie de voir accrocher à son étendard.

Le vœu que je formulais, avec confiance, en terminant l'histoire du 4e dragons, était réalisé. Le passé avait été un sûr garant de l'avenir.

C'est avec émotion que j'ai évoqué devant vous un peu du passé de gloire de mon premier régiment. Tous ceux d'entre vous qui ont servi savent par quelles fibres on y reste attaché. N'est-ce pas celui où l'on arrive jeune, avec tous ses enthousiasmes, tout son zèle et son ardent désir de servir, et aussi avec toutes ses illusions.

Et cependant, il en est un autre qui, dans mon cœur, rivalise victorieusement avec lui, c'est mon dernier régiment, celui dont un colonel peut dire avec une entière vérité : « Mon régiment », surtout lorsqu'il eut l'honneur de le commander durant trois années de guerre. C'est le 10e régiment de chasseurs, avec lequel j'ai vécu notamment les angoissantes journées de la deuxième bataille de la Marne, au cours desquelles il m'a été donné de constater que l'obscur labeur de la tranchée n'avait en rien porté atteinte au généreux et inlassable entrain dont ces cavaliers avaient fait preuve, lors de la période de la couverture, aux champs de la Marne, où ils méritèrent les éloges du général Grossetti, et dans les combats de la course à la mer. Loin de moi, certes, la prétention de mettre en parallèle leurs sacrifices avec ceux de leurs glorieux camarades de l'infanterie, mais je puis dire que dans le cœur des jeunes cavaliers de 1918 et de leurs non moins jeunes officiers, j'ai retrouvé le même dévouement, la même fidélité au devoir que le colonel d'Agoult admira dans les vieux dragons d'Espagne.

De quelle fierté pouvait s'enorgueillir le cœur du chef

de ces soldats de l'année 1918 ?... Deux exemples suffiront à vous en donner la mesure.

C'est le brigadier Comtesse, un jeune séminariste du Jura, qui, mortellement atteint au cours d'une reconnaissance, ne descend de cheval qu'après avoir rejoint le poste de commandement de la 39e division d'infanterie, et fourni au général Pougin qui la commandait, de précieux renseignements. Le général lui confère immédiatement devant son état-major, la Médaille militaire. Elle ne devait orner que son lit d'ambulance, car le lendemain le brave petit brigadier allait recevoir la récompense réservée à ceux qui ont uni dans le même amour Dieu et la Patrie.

C'est le lieutenant de Tournadre, porteur d'un nom qui oblige, et que des alliances de famille ont rendu familier à notre Dauphiné, qui mérite la belle citation à l'ordre de l'armée et que voici : « Le 30 juillet, après avoir, par une intelligente et énergique intervention, à la tête de deux sections américaines, fait prisonnier un groupe de combat ennemi qui venait de lui enlever un sous-officier, a tenu à poursuivre son généreux dessein en se lançant courageusement à la recherche de son maréchal des logis. A été retrouvé, le 31 juillet, sur le terrain, le front troué d'une balle, à quelques mètres du corps percé de coups de ce sous-officier. A donné, par son sacrifice, un superbe exemple de sa haute conception de son devoir de chef et de son dévouement à ses hommes. »

Et les hommes n'étaient pas moins attachés et dévoués à leurs chefs. Je n'en veux pour preuve que la réflexion du chasseur Bertret. C'était un parisien, un peu forte tête, et à qui j'avais dû appliquer à plusieurs reprises les sévérités du règlement. Il tomba, frappé à mort au moment où, montant à cheval pour me rapporter un renseignement important recueilli par sa patrouille, il venait de dire : « C'est le colonel qui va être content ! ».

Que de mauvais bergers aillent ensuite exciter les soldats contre leurs chefs, vous penserez, comme moi, qu'au creuset de l'épreuve, courageusement supportée par les uns et les autres, toutes les scories disparaissent, et qu'il ne reste plus qu'une estime et une affection réciproques, cimentées par l'amour de la Patrie.

Et voilà, Messieurs, que, grâce aux très sages prescriptions de votre règlement, j'ai pu, revivant, de ses débuts à son point final, toute ma vie de soldat, opérer en même temps ce retour en arrière si riche en précieux enseignements.

C'est la mission qu'assume votre Compagnie en recherchant dans notre histoire locale tout ce qui est de nature à nous ancrer plus fortement dans le sol natal.

De ces savants travaux, je ne resterai toujours, je le crains, qu'un modeste spectateur, car ma place est ici au parterre, et ce m'est une raison de plus d'apprécier de tout son prix et votre indulgence et l'honneur que vous me fîtes en m'appelant dans vos rangs.

Réponse au Discours de Réception

DE

M. le Colonel LEMAITRE

PAR

M. BARBILLION
Président de l'Académie Delphinale

Séance du 23 novembre 1928

PARMI tant de surprises que nous ménage à tous l'existence, s'il en est une particulièrement inattendue pour moi, c'est bien de me trouver, mon cher collègue et ami, en face de vous ce soir, et de vous inviter à vous asseoir dans un fauteuil, que vous méritez grandement d'occuper, mais que je ne mérite guère de vous assigner. Je ressens davantage encore aujourd'hui cette petite honte de ne pas être Dauphinois d'abord, de n'avoir guère été militaire ensuite, et enfin de n'avoir jamais consacré mes loisirs, ou ce que l'on peut appeler ainsi, qu'à la rédaction d'ouvrages indigestes sur l'électricité ou la mécanique.

Vous, au contraire, mon cher collègue, êtes de vieille race alpine, avez laissé une trace brillante dans la carrière des armes, et, depuis, votre retraite, vous êtes efforcé de satisfaire vos besoins d'activité par des conférences et par des travaux dont je ne pourrai donner ici qu'un maigre aperçu. Vous remplacez, à cette Académie, l'un de nos collègues, M. Chauvet, qui y jouissait d'une légitime autorité et auquel s'attachaient les sympathies de tous. Docteur en droit, historiographe averti de toute notre région dauphinoise, d'une famille admirable, père plus admirable encore (qu'on me pardonne cette maladroite adaptation d'une laudation latine), bienfaiteur insigne des pauvres, originaire, comme vous, du haut Dauphiné, il était digne d'être votre prédécesseur, et vous êtes digne de lui succéder.

Si certains de nos collègues manifestent quelque lenteur à écrire, et partant à prononcer leurs discours de réception, les motifs en sont divers : un peu de paresse, un dilettantisme qui ne messied pas trop à des hommes d'âge, puis aussi le choix du sujet, de ce terrible sujet, alors que les Présidents successifs de l'Académie, sans penser à la suppression des discours (ce qui serait une faute, sinon un crime), s'efforcent de rassurer les récipiendaires, et font preuve de la plus large tolérance pour les matières traitées.

Or, chez vous, la cause de votre retard, ce n'est pas le défaut, mais la multiplicité des sujets. Vous aviez le choix, et vous me l'avez dit fort discrètement, entre les études monographiques possibles de nombreuses familles dont quelques-unes, illustres, originaires de votre région haut alpine. Plusieurs membres de notre Académie sont encore les alliés ou les descendants directs de ces belles familles. C'était là une œuvre difficile pour d'autres, qui eut été aisée pour vous, mais quelle famille choisir ?... Un autre sujet qui vous avait tenté, était une étude sur les « milices bourgeoises » de Grenoble, sujet éminemment intéressant et curieux, comme toutes ces évocations d'activité mi-partie de nos ancêtres, soldats et bourgeois, suivant l'occasion. La tradition ne s'en est pas perdue, car, sous l'habit des officiers et soldats suisses, nos voisins, si convaincus et si rigides, au point d'avoir souvent provoqué notre étonnement à nous autres Français pendant la grande guerre, guerriers pour de vrai, respirent souvent d'honnêtes notaires, d'avisés industriels, d'éminents professeurs. Mais, nous n'avons là perdu que pour attendre. Il est certain que, quelque jour, vous nous apporterez cette étude, qui, soyez-en sûr, trouvera parmi nous l'accueil le plus chaleureux et le plus sympathique.

Vous avez donc choisi, après « moult » hésitations, la mise sur pied d'un trop court historique (je dis trop court, car je l'ai lu attentivement, je l'ai savouré, et je me suis attristé qu'il fut si tôt fini) d'un de nos plus valeureux régiments.

Si brillant qu'ait été votre rôle durant la guerre (je vous vois d'avance vous défendre, avec cette rudesse si sympathique que vous connaissent tous vos amis, d'avoir fait autre chose que votre devoir), vous n'aviez pas voulu choisir un sujet d'actualité, je veux dire évoquer, en quelques pages, la vie, durant la dernière guerre, d'une unité vous touchant de près, votre cher 10e chasseurs par exemple, et pourtant quelle tentation a dû être la vôtre, décidant de laisser à certains de vos camarades la tâche d'écrire cette merveilleuse histoire !

Mais la tentation a été trop forte. Vous avez commencé par le 4e dragons en Espagne. Vous avez fini, et nous vous en félicitons, par le 10e chasseurs, que vous avez eu l'honneur de commander dans la deuxième partie de la Grande Guerre. Elle est déjà bien loin de nous !

Le recul de cette prestigieuse époque est déjà tel que certains, qui n'en ont pas souffert, s'étonnent qu'aujourd'hui de tels sujets puissent séduire. Si les vrais combattants ont été et sont restés modestes, car (qu'on me permette de le dire ici) ils ont donné l'exemple de toutes les vertus, bonté, charité, fraternité, dévouement, certains bénéficiaires des faveurs de l'arrière n'ont guère envie non plus de telles évocations. Il y a au cœur de l'homme, même le plus égoïste et le plus endurci, quelques fibres qui continuent à vibrer à certains souvenirs et de petites angoisses qu'on doit étouffer, en vue de ne pas détruire le sain équilibre du « strugle for lifer », idéal moderne.

L'histoire que vous avez écrite remonte à plus haut. Elle est établie au moyen des souvenirs de guerre du colonel d'Agoult, un nom particulièrement cher aux Dauphinois, carnets que vous avez eu l'occasion d'avoir en main lors de la rédaction, entreprise par vous, de l'historique de votre premier régiment, le 4e dragons.

Dragons d'Espagne ! mots prestigieux, qui ont illuminé certaines de mes lectures de jeunesse, dont j'ai retrouvé la réplique, combien gaie, combien vivante, combien anecdotique, dans votre discours et dans les pages de votre compatriote d'Agoult.

Maigres combattants au teint basané par le climat desséchant de l'Espagne, à la fois fantassins, gendarmes, cavaliers, artilleurs même au besoin ! L'histoire des régiments de dragons d'Espagne est une des plus belles qui soit. Leur origine est, généralement, bien quelconque. Le grand Empereur, toujours mal averti de tout ce qui se passait dans la péninsule, car il s'y commettait, loin de son regard d'aigle, pas mal de fautes, et on l'endormait sur les revers, sur la faiblesse des effectifs, sur la médiocrité des chefs, a eu bien du mal à constituer sa pauvre Armée d'Espagne par des prélèvements dans des dépôts lointains, sauf à certains moments de crise où il y détachait sa Garde ou des corps d'élite. Tous ces régiments provisoires, qui devinrent des régiments de héros, car ils luttèrent seuls, sans espoir, sans l'encouragement de la présence du maître qui galvanisait leurs camarades de Prusse et d'Autriche, se formèrent à la plus dure école qui fût, et, lorsque la campagne de France étant commencée, Napoléon rappela à lui la plupart de ses vieux dragons de la péninsule, ils accoururent sans débrider du fond de l'Espagne, à Nangis, à Saint-Dizier, à Bar-sur-Aube, et y accomplirent de merveilleux exploits. Les jeunes gardes d'honneur du colonel de Ségur, pourtant si braves, regardaient avec étonnement leurs vieux camarades aux blancs manteaux, aux fins chevaux andalous, fondre comme des vautours sur les cosaques et les hussards ennemis. Leur action intrépide retarda peut-être d'une ou deux semaines la chute de l'Aigle.

Et pourtant, cette guerre d'Espagne, si déprimante, si diverse, si décousue, où les rivalités des chefs firent apparaître ce qu'il y a de moins beau dans l'âme de l'homme, fut étonnamment curieuse. Certes, les Espagnols se défendaient et avaient le droit de le faire. Il y eut de leur part, à côté de nombreux actes de férocité, des manifestations sublimes de générosité et d'amour de la Patrie. Mais, ce qui fut certainement le plus piquant, ce furent les rapports entre les Français et les Anglais, qui se battaient chez un autre. Ces deux adversaires s'estimaient, se respectaient, bien mieux même, voisinaient ou se fréquentaient à chaque instant, en pleine bataille même. Les traits de galanterie, d'honneur chevaleresque, et aussi les pointes d'humour s'y révélèrent innombrables. Je ne puis résister au plaisir d'en rappeler une.

Au cours de la retraite de l'armée anglaise sur le Portugal, et ce tableautin est extrait des *Souvenirs de guerre* de ce grand enfant qui s'appelle le capitaine Parquin, l'un de ses camarades, officier d'un régiment de chasseurs, charge un lieutenant de dragons anglais, supérieurement monté, qui s'attache à maintenir une distance rigoureuse d'une dizaine de mètres entre son poursuivant et lui. A son adversaire, fou de rage et qui crève sa monture, l'Anglais, se retournant, dit doucement : « Votre cheval, Monsieur, est sans doute de race normande ? » Le Français tire un pistolet de ses fontes, ajuste..... Le coup rate. Et l'autre, impassible, de continuer : « Vos armes, Monsieur l'Officier, sortent sans doute de la Manufacture nationale de Versailles ? » Ce dragon anglais aurait bien mérité de servir dans le régiment du lieutenant d'Agoult.

Hélas ! Je m'aperçois que, cédant à une manie, indicatrice de l'approche de la sénilité, je me suis laissé aller à parler trop longuement de souvenirs historiques qui me sont chers. Excusez-m'en, mes chers collègues, surtout en raison de ce fait que cette prolixité est due au sujet même choisi par notre nouveau titulaire, et à la manière si brillante dont il l'a traité.

Comme je le disais plus haut, la tentation avait été trop forte pour notre ami. Il se devait, et il nous devait, de terminer son discours par l'hommage ému, auquel nous nous associons tous, rendu à ses anciens soldats de la grande guerre, son vieux 10e chasseurs. Mais, si éclatants que soient les traits d'héroïsme qu'il nous rapporte, j'oserai dire qu'ils sont d'une glorieuse banalité, car les fastes de tous nos régiments, maintenus ou disparus, surdécorés ou non décorés, sont pleines des mêmes anecdotes glorieuses. Néanmoins, la fraîcheur d'impression, l'entrain et la gaieté même introduite par vous, mon colonel, dans la narration de ces faits si proches, et pourtant déjà si oubliés, leur donnent une saveur particulière. Cette partie de votre texte restera... comme les autres.

De votre discours, j'ai assez dit, sous peine de le déflorer, tel un commentateur maladroit qui s'efforce de faire jaillir des beautés et des grandeurs qui n'échappent à personne. Mais il n'y a pas que l'œuvre, il y a l'auteur dont je dois aussi parler.

Cette fois encore, je vous vois gêné, mais il convient que vous subissiez jusqu'au bout, comme un soldat sous les armes, le supplice raffiné que je vais vous infliger, celui de vous entendre dire tout le bien que nous pensons de notre nouveau collègue, mission que m'ont donné les membres de l'Académie, et qu'ils ne comprendraient pas que je ne remplisse qu'à moitié.

Vous êtes petit-fils, fils et frère de soldat. L'un de vos grands-pères fut officier de la Grande-Armée. Voulez-vous me permettre, m'autorisant de notre long voisinage à Grenoble, d'ouvrir une parenthèse personnelle, très courte, pour vous dire que c'est là un nouveau lien entre nous ?... Officier... un de mes arrière-grands-pères le fut aussi. Ils étaient sept frères dont la Révolution et l'Empire s'emparèrent tour à tour. Lui seul survécut, les autres disparurent sans laisser aucune trace. Certains soirs de rêverie, je contemple encore un grand portrait de lui, faisant vis-à-vis à celui de sa gracieuse femme. Il est grand, brun, sa figure est encadrée de larges favoris sombres, son cou est engoncé jusqu'aux oreilles dans un col de crin. Il porte les épaulettes pectorales, il a revêtu la tunique bleue de petite tenue des capitaines de la Garde Impériale. Il a les cheveux bouclés et noirs comme Murat, mais rien de la suffisance et de l'empanachage de ce tambour-major à cheval, qui a forcé, jusqu'à l'outrage, les magnifiques tenues des soldats de Napoléon... Votre grand-père devait être ainsi. C'est ainsi que je me l'imagine.....

Fils de vos œuvres, vous êtes élève au Prytanée militaire de 1875 à 1885, puis à l'Ecole spéciale militaire de Saint-Cyr, de 1883 à 1885. Vous sortez dans la cavalerie, ce qui constitue un hyper-classement et une référence, et vous débutez comme sous-lieutenant au 4e dragons en 1886, à Chambéry. Encore un lien commun entre nous, que je m'excuse de rapporter ici : tout enfant j'ai été bercé par de bons amis des miens, officiers au 5e dragons, à Compiègne, et aussi bercé par leurs chevaux.

La guerre vous trouve lieutenant-colonel au 7e dragons, puis, en août 1916, vous êtes nommé colonel au 10e chasseurs. Je ne veux pas insister sur les services tout particuliers que vous avez rendus. Je n'en veux retenir que les hommages matériels qui les ont attestés : officier de la Légion d'honneur en 1916, vous êtes nommé commandeur en 1923. Vous sont attribués successivement la Croix de guerre belge, et l'Ordre du Service distingué d'Angleterre, si précieux et si convoité. En voici assez pour l'homme d'action. J'ajoute cependant que ces beaux titres se complètent d'une citation à l'ordre de la Brigade en 1914 et à l'ordre de l'Armée en 1916.

Passons maintenant à l'écrivain et au conférencier : on vous doit l'historique du 4e dragons, qui, en outre de sa valeur propre, nous a donné le plaisir de constituer le fond de votre discours d'aujourd'hui. Le Ministre de la Guerre vous a, du reste, témoigné sa satisfaction sous la forme officielle. Vous avez fait, à plusieurs reprises, partie des jurys d'examens, d'entrée ou de sortie, pour les Ecoles de Saumur et de Saint-Maixent, et, de cela encore, votre Ministre a tenu à vous remercier. Retraité en 1919, et fixé une grande partie de l'année à Grenoble, vous avez donné le meilleur de vous-même à des œuvres sociales, sans oublier que vous aviez été militaire, et que vous êtes resté conférencier, puisqu'on vous a entendu avec intérêt parler, devant des auditoires divers, de la Pologne, de l'Alsace-Lorraine, de l'Irlande, du Maroc, de l'Europe centrale d'après-guerre, de l'Espagne, et enfin de vos impressions rapportées, après un mois de contact avec l'armée américaine, en juillet 1918.

Vous êtes enfin président des Conférences de Saint-Vincent-de-Paul et membre du Conseil d'Administration des Pupilles de la Nation.

A tant de titres qui vous recommandent à la sympathie des Dauphinois, vous en avez ajouté un autre, et qui n'est pas des moindres. Allié à la vieille famille Rivoire-Vicat, vous aviez, par cela seul, droit de cité parmi nous.

La mémoire de M. l'inspecteur général Rivoire-Vicat est encore présente, et le sera longtemps, au souvenir de tous les Grenoblois. Il s'est, en particulier, imposé à l'admiration de tous par la création de la ligne des chemins de fer de La Mure et, en outre, du viaduc de la Roizonne, qui fut construit sur ses plans.

Il appartint, lui aussi, à notre Académie. Toutefois, trop pressé par de multiples fonctions qui l'absorbaient jusqu'au surmenage, il ne put prononcer son discours de réception. Ce fut éminemment regrettable, mais son cas ne fut pas unique ; cette involontaire carence fut trop souvent le lot de certains de nos plus éminents collègues.

Voilà des titres surabondants, je le répète, qui justifient votre désignation comme membre titulaire de notre Académie. Mon cher collègue, je vous prie de bien vouloir prendre place, à ma droite, sur le fauteuil qui vous attend déjà depuis trop longtemps.

UN DAUPHINOIS AU MAROC
(1777)

PAR

M. VATIN-PERIGNON

Séance du 1er février 1929

Le maréchal Lyautey — « à qui rien de ce qui est humain n'est étranger » — voulant donner aux érudits les moyens de travail et d'investigation nécessaires, a créé à Rabat, à côté d'un « Institut des Hautes Etudes Marocaines » et d'un « Institut Scientifique Chérifien », un « Service des Archives » et construisit une « Bibliothèque générale du Protectorat », où se trouvent réunis et classés tous les ouvrages qu'on a pu sauver des bibliothèques indigènes ainsi que les travaux publiés sur le Moghreb. Le Service des Archives assure notamment l'achèvement de l'œuvre admirable conçue et poursuivie par le si regretté comte Henry de Castries en faisant recueillir, traduire et publier tous les documents relatifs à l'histoire du Maroc conservés dans les chancelleries et dépôts d'archives d'Europe sous le titre « Sources inédites de l'Histoire du Maroc » (101, rue du Bac, à Paris). C'est grâce aux dirigeants actuels de ce Service qu'ont pu être réunis les éléments qui ont permis de préparer la présente communication.

Par lettre du 10 janvier 1777 (Archives des Affaires Etrangères : correspondance consulaire « Maroc », tome XIV), le Consul de France à Salé rendait compte à son Ministre du passage dans cette ville de deux « aventuriers » récemment débarqués à Tanger d'un « senault anglois ».

L'un d'entre eux, blond et de belle taille, s'appelait Conrad, baron de Thouns ; il déclarait qu'il était russe, né à Astrakan, et qu'il avait servi en Pologne avec le grade de major.

L'autre, petit, brun, les yeux vifs, se nommait Thomas Simon de la Rochette, seigneur de Nyons ; il se disait lieutenant dans les gendarmes, dont il portait l'uniforme, et fils d'un conseiller à la Chambre des Comptes de Grenoble. « Il a été, écrit notre Consul, de la réforme des gendarmes et son père l'ayant attiré auprès de lui pour lui donner un autre état, ce jeune homme, de son aveu, dit lui avoir emporté 9.000 livres qu'il a dissipées en Italie avec une fille qu'il y avait amenée. De là, il est passé à Madrid, puis à Cadix où une sorte de sympathie et de conformité d'âge et de caractère l'a réuni à son compagnon d'aventures. Ils ont perdu de l'argent au jeu qu'ils n'ont pu payer, et ils sont partis de Cadix sur un navire anglais destiné pour l'Italie sur lequel ils ont embarqué un canot qui leur a servi pour se rendre à Tanger, en laissant le navire en route à une ou deux lieues de distance... Ils ont avec eux très peu d'effets... Ils sont assez honnêtement mis... » Mais leur bourse est fort plate et notre Consul a dû « accorder au sieur de la Rochette quelques secours sur son billet en attendant des nouvelles de ses parents ».

D'après leurs propos, ils sont venus au Maroc afin de « s'entretenir avec le Sultan sur des objets importants pour son service » ; ils voulaient lui montrer « combien ils pourraient lui faciliter les moyens de conquérir tous les bords occidentaux de l'Afrique, jusques et y compris le Cap de Bonne-Espérance ». D'autre part, « ils ont laissé entrevoir de l'humeur et des projets d'attaque contre l'Espagne où on leur a refusé service ». En conclusion, ce sont deux « étourdis qui sont venus ici rassembler des matériaux pour leur roman ». D'ailleurs, ils ne semblent pas « avoir l'intention de changer d'habit » ni « avoir aucune vocation pour l'Alcoran ».

Débarqués à Tanger sans encombre — malgré l'audace d'une tentative que les courants du détroit de Gibraltar et la « barre » redoutée auraient pu rendre fatale — ils ont été, sur leurs déclarations, acheminés par le Pacha de la ville pour la Cour, qui résidait alors à Marrakech, avec une garde. Leur itinéraire (d'environ 600 kilomètres) les faisait passer par Salé où ils étaient venus se présenter à notre Consulat.

Mais dès lors ils semblent fort « dégoûtés par les usages nouveaux et rebutés par les incommodités du voyage. La misère des habitations, la barbarie des hommes et les fatigues du voyage avaient dissipé déjà toute l'illusion du songe et je ne vis plus, écrit le Consul, que deux hommes repentants d'une démarche d'autant plus folle que les événements en sont très incertains parce que ces jeunes gens en ont trop dit pour pouvoir reculer dans un pays où la moindre démarche tire à conséquence. »

C'est qu'en effet, ils venaient de voyager dans des conditions, même pour le XVIIIe siècle, plutôt inconfortables, mi-hôtes, mi-prisonniers, n'entendant pas la langue du pays, condamnés aux gîtes sordides et aux nourritures inattendues. Mais du moins avaient-ils la chance de se trouver au Maroc en période de trêve au milieu de l'anarchie qui, chroniquement, rendait la circulation impossible dans ce malheureux pays. C'est qu'alors régnait Mouley-Mohammed, de glorieuse mémoire, qui avait rétabli l'intégrité de l'Empire en libérant Mazagan du joug portugais, construit sur les plans du français Cornut la ville de Mogador et fait régner partout une quasi-sécurité. Et ils avaient la chance bien plus heureuse encore de trouver à Salé (plus exactement, à Rabat) un Consul de France aussi considéré du Maghzen que l'était M. Chénier.

Après avoir rendu de grands services dans les pays du Levant, cet agent particulièrement distingué s'était vu confier les intérêts français au Moghreb. Il y vivait, entouré de ses deux fils, âgés alors de 15 et 13 ans, André et Marie-Joseph. Notre Dauphinois a dû, une quinzaine d'années plus tard, s'étonner du concours de circonstances qui l'avait conduit à faire, si loin de Grenoble, la connaissance du chantre émouvant de la « Jeune Captive » et de l'auteur du « Chant du Départ » !

Dès lors, notre Consul va suivre pas à pas nos « étourdis ». Il rend compte, dans diverses dépêches, de la fin de leur équipée.

Ils ont été reçus par le Sultan, à leur arrivée à Marrakech. Ils lui ont déclaré qu' « ayant entendu parler d'un projet qu'il formait contre Alger, ils étaient venus lui offrir de commander ses troupes. Cela ne se peut pas, leur a dit le Sultan, cela est incompatible avec la différence de la religion. Ce souverain les a fait monter à cheval en sa présence et leur a donné à chacun une monture pour le suivre à Mogador où ils doivent être rendus. Le prince leur a fait donner encore 50 onces à chacun en présent. » (Lettre du 26 février 1777).

A Mogador, ils attendent assez longtemps l'autorisation de partir. Par lettre du 5 juin, Chénier rend compte que le Sultan les a confiés à Si Tahar Fennis, personnage considérable de son Maghzen, qui va s'embarquer pour l'Europe comme chef d'une ambassade qui se présentera à Versailles en octobre de la même année. C'est donc en compagnie d'un ambassadeur que nos « étourdis » regagnent notre continent. Décidément, ils ont eu de la chance !

Les archives de l'Isère et de la Drôme contiennent quelques documents qui confirment les déclarations du sieur de la Rochette sur ses origines dauphinoises. En 1777, nous trouvons bien, sur les listes des membres de la Chambre des Comptes de Grenoble, un personnage de ce nom. Sa famille était bien de Nyons. Il demeurait rue Montorge. Mais là où les choses deviennent moins claires, c'est lorsque l'on constate que le conseiller de la Rochette n'a eu qu'un fils, né à Nyons le 4 mars 1758, de son mariage avec Marie Simon de Barcelonne. S'il s'agit de notre héros, il n'aurait eu que 19 ans au moment de son équipée marocaine. Mais, alors, comment aurait-il été « de la réforme des gendarmes » survenue en 1763 ? Il est vraisemblable qu'il avait risqué cette déclaration à M. Chénier pour expliquer comment il portait l'uniforme de ce corps d'élite. Qu'est-il devenu ? Le 26 novembre 1789, le conseiller, son père, procède à un partage de ses biens entre ses trois enfants, et son fils est désigné dans l'acte comme « capitaine au service de l'Espagne » : il aurait donc fini par trouver du service dans ce dernier pays. Quoi qu'il en soit, si nous en croyons le bon consul Chénier, ce ne devait pas être un mauvais diable. « La conduite du sieur de la Rochette, écrivait-il comme conclusion, est une légèreté à laquelle son compagnon paraît l'avoir entraîné. C'est une faute de jeunesse qui mérite quelque indulgence et il éprouve déjà la punition rigoureuse que mérite l'étourderie qu'il a faite de venir aussi inconsidérément dans un pays comme celui-ci. »

TABLE DES MATIÈRES

SUIVANT L'ORDRE DANS LEQUEL ELLES SONT PLACÉES DANS LE VOLUME

Grenoble. — Imprimerie Saint-Bruno
F. Eymond, *dir.*

www.ingramcontent.com/pod-product-compliance
Lightning Source LLC
LaVergne TN
LVHW082354160826
845678LV00008B/1835

* 9 7 8 2 3 2 9 7 6 4 1 6 0 *